보탬으로써 비우기 위하여

이태준과 그의 문학에 애착을 가지고 공부모임을 뛰어다니던 젊은 연구자들은 중년의 학자가 되었고, 『상허학보』는 이태준론에서 트랜스디시플리너리(trans-disciplinary)한 연구까지 한국 근 · 현대의 문학, 역사, 문화를 종횡하는 많은 연구자들의 방문소가 되었다. 돌이켜보면, '상허학회'의 20년은 이른바 '탈냉전'(?)과 '민주화' 이후의 정책적, 학술적, 문화적 환경의 변화 속에서 문학연구자들의 방황과 고민과 실험이 좌충우돌하며 만들어 온 궤적 그 자체인 듯하다. 어쩌면 '상허(尙虛)'라는 이름은, 이런 방황과 고민과 실험이 제한적이나마 자유롭게 허락될 수 있는 커다란 '빈' 그릇이었는지도 모르겠다.

하지만 그 자유가 제한적일 수밖에 없는 이유는, 학술발표의 관습과 의례 또는 학술논문이라는 언술 장르의 형식이 발화 조건으로 전제되어 있기 때문만은 아닐 것이다. 한편으로는 연구와 생활의 불일치로 인해, 연구만으로는 먹고 살 수 없는 환경에서 '전문 연구자'가 되기 위해 연구와 생활의 '두 집 살림'을 감당하느라 지쳐가고, 다른 한편으로는 국가관리시스템에의 의존도가 심화되면서 원대한 포부나 실험정신은 '연구계획서'와 '결과보고서' 사이 어딘가에서 실종되어 버리는 상황이 장기간 반복되고 있다. 연구자로 먹고 살기 힘든 현실이야 어제오늘 일이 아니지만, 그리고 '아무도 이 길을 가라 하지 않은' 이상 연구자 스스로 감당해야 할 현실이기도 하지만, '살게 만들고 죽게 내버려두는' 국가관리시스템의 강화는 그 현실에 더욱 고통스러운 분할선들을 그어대고 있다. 연구(자)의 자율성이라는 것도 순진한 공상에 불과할지 모르지만, '학문과 삶의 연관'을 곤혹스러운 경험 속에서 발견하게 하는 요즈음의 분위기는 방황과 고민과 실험을 단축되면 될수록 바람직한 시행착오로 간주하게 만들거나, 적어도 그것들에게서 그 고유의 명예로움을 앗아가고 있는 것처럼 보인다.

이러한 '재미없는' 환경에서 새로운 과제를 발견해내는 것이야말로 연구자의 소임일지 모르지만, 어쩌면 학술발표와 학술논문으로는 발화되기 어려운 말들, 학술대회 뒤풀이 술자리에서 푸념처럼 넋두리처럼 내뱉던 말들, 그래도 뜻 맞는 벗들과 가까이하고 서로 주고받으며 힘을 얻을 수 있었던 말들…… 이런 흩어져가는 말들이 우리를 되돌아보게 하는 단서가 될 수 있지 않을까 하는 생각에서 상허학회 20주년을 상기하며 그 말들의 흔적을 모아 『쉬플레망 상허』를 내놓는다.

쉬플레망. 굳이 '대리보충'을 떠올리지 않더라도, 이곳에 모인 글들은 하나의 '덧붙임'이다. 불투명한 미래를 염려하는 의식들의 웅성거림에서 공부를 막 시작하던 순간에 대한 설레는 상기까지, 어찌 보면 '본격적인' 연구와 연구 사이의 여백에 있을 법한 목소리들이다. 하지만 이곳에 덧붙여진 이 목소리들이 단순히 학문적 언술 형식의 틀에서 삐져나온 살들, 그래서 비로소 연구자의 '인간적인 얼굴'을 가늠할 수 있게 해주는 육성들로만 들리지는 않기를 바란다. 오히려 '말'이 되지 못한 말들, 그래서 의미로 충만한 것처럼 보이는 '말'이 언제나 '말'이 되지 못한 말들에 의해 포위되어 있음을 환기시켜주는 말들, 결국엔 '말'이 되지 못함에도 불구하고 '말'에 상처를 입히고 그 충만함에 바람구멍을 낼 수 있는 말들로 들리기를 바란다. 이 말들을 덧붙임으로써, 우리의 '연구성과물'들이 어떤 방황과 고민에서 출발하면서도 그것을 감춰왔었는지를 돌이켜볼 수 있는 시간을 잠시나마 열어주기를 바란다. 요컨대 보탬으로써 비울 수 있기를 희망한다.

『쉬플레망 상허』가 이렇게 '물건'으로 가시화될 수 있었던 것은, 편집자의 '협박'에 너무도 순순히 호주머니를 털어 '재능기부'를 해주신 실명, 익명의 연구자 여러분들 덕택이다. 설문조사와 원고 주문에 흔쾌히 응해주신 많은 선생님들부터 서울-부산을 오가며 좌담에 참여해주신 선생님들까지 모든 저자들께 감사드린다. 현재의 편집 및 구성은 상허학회 편집위원회 선생님들, 특히 권보드래, 김준현, 조은애, 홍덕구 선생님이 여러 번의 회의에서 제시한 흥미로운 아이디어들 중 일부분만이 실현된 결과임을 밝혀둔다. 상허학회 박헌호 회장님의 '안 되면 말고(!)' 정신이 든든한 지주가 되었음은 말할 것도 없다. 마지막으로, 그리고 결정적으로 『쉬플레망 상허』의 출판을 기꺼이 수락해주신 소명출판 박성모 사장님의 전폭적인 응원에는 어떻게 보답해야 할지 모를 정도다. 또한 일손 바쁜 연말에 편집과 제작을 맡아주신 공홍 부장님 이하 케포이북스 여러분들께도 감사드린다. 이 모든 분들께 복 있으라!

상허학회 편집위원회를 대신해 차승기 씀

좌 담 :
한 국 문 학 연 구 의 미 래 ,
불 안 과 희 망

"결국 젊은 연구자들의 불안은 우리 스스로의 교감과 연대를 통해서만 극복될 수 있는 것이다. 어쩌면 오늘 좌담이 의미를 지니는 것은 서로간의 대화를 통해서 부족하게나마 희망의 단서들을, 아니 정확하게는 희망의 단서를 찾고자 하는 동료들의 목소리를 확인할 수 있었기 때문이 아닐까 싶다."

한국문학 연구의 미래, 불안과 희망

일시: 2012년 10월 7일 일요일 오후 2:00~6:00
장소: 동국대학교 계산관 3층 세미나실
참석: 장성규(사회), 김대성, 오자은, 이종호, 최병구 (가나다 순)
기록: 김희림(고려대 국문과 석사과정)
사진: 홍덕구(동국대 국문과 박사과정)

김대성 부산대 국문과 박사과정 수료. 현재 한국해양대 · 경성대 시간강사. 2007년부터 문학평론가로 활동하고 있다. 연구모임 aff-com에서 활약하고 있다. '글 읽기'와 '쓰기'(literacy)가 자기 존중감을 지키고 나눔을 실현하는 중요한 공공재라 생각해 왔으며 그러한 문제의식을 발전시켜 현재는 1980년대 노동자들의 글쓰기를 새로운 관점으로 재구성하는 작업에 집중하고 있다.

오자은 서울대학교 국문과 박사과정 수료. 현재 한국과학기술대학교에서 강의 중. 식민지시기 문학을 공부해 왔고, 지금, 그리고 앞으로는 1970~80년대 소설을 공부하고 있으며 할 생각이다.

이종호 동국대 국문과 박사과정 수료. '문학과 서브컬쳐'를 강의하고 있다. 문학제도사에 관심을 갖고 있으며, 현재는 문학전집과 정전화 과정에 대해 고민 중이다.

장성규 성균관대 인문학부와 서울대 대학원 국문과 졸업. 현재 몇몇 대학에서 문학과 글쓰기를 강의하고 있다. 문학과 현실의 '새로운' 관계맺음에 대해 공부하고자 한다.

최병구 성균관대 국문과 박사과정 수료. 세명대 · 계원대에서 글쓰기 강의. 1920년대 프로문학을 당시의 사회문화적 배경 속에서 새롭게 읽어내는 논문을 준비 중. 앞으로는 '사회주의'와 '문학'이라는 두 축을 중심으로 공부를 계속하며, 지금-이곳의 문제와 대화하려는 시도를 본격적으로 해볼 생각이다.

연구자로서의 출발, 혹은 대학원생으로서의 실감

장성규(이하 '장'): 다들 아시다시피 오늘 좌담은 상허학회 20주년을 기념하고 성찰하려는 기획의 일환이다. 특히 좌담에 참여하신 분들은 한국문학 연구자 중 가장 젊은 세대에 속한다. 단순히 상허학회라는 틀을 넘어서, 현재 젊은 연구자들이 지닌 고민과 포부, 불안과 희망에 대한 구체적인 이야기들을 함께 나눌 수 있는 시간이 되었으면 한다.
의도한 것은 아니지만 기혼과 비혼, 남성과 여성 등이 섞인데다 유학 경험이 있거나 비평 활동을 하고 있고 혹은 대안적 연구 공동체를 고민하는 연구자 등 다양한 성격을 지닌 사람들이 모이게 됐다. 각자 관심 있는 연구 주제 역시 여러 방향으로 분화되어 있다. 좌담을 통해서 각자의 '차이'에 기반을 둔 목소리를 들을 수 있기 바란다.
먼저 처음 연구자로서의 생활을 시작하게 된 계기랄까, 대학원에 진학하게 된 구체적인 계기부터 애기해보면 좋겠다. 그리고 진학 이후 연구자로서의 자의식이랄까, 그런 데서 변화가 있었다면 함께 듣고 싶다.

이종호(이하 '이'): 처음 대학원 진학을 생각할 때는 멋있는 선생님이나 선배들 모습에 혹해서 그런 것 아닌가. 학부 시절 어떤 선생님들의 카리스마는 대단했다. 허나 막상 대학원에 진학한 후에는 현실적인 문제에 부딪힌다.

큰 포부를 갖고 공부를 시작하지만 실제 석사과정을 거치고 학위논문을 쓰면서 자세가 많이 바뀐다. 석사논문 같은 경우 우연한 계기로 주제를 결정하는 경우도 많고. 나로선 현실 속에서 접한 주제들을 문학연구에서 어떻게 추구할 수 있는지 많이 생각했다.

오자은(이하 '오'): 왜 문학 공부를 하게 되었나 생각해보니, 그저 문학이 좋아서였던 것 같다. 나는 학부 때 사회과학을 전공했는데, 대학원에 진학하면서 국문학으로 전공을 바꾸었다. 대학원에 들어오기 전까지는 문학 작품을 좋아하는 문학소녀 같은 감성이 있었고, 대학원에서 요구하는 문학연구라는 것이 무엇을 의미하는지는 정확히 몰랐다. 단지 문학이 좋았고, 이를 연구하면 재밌겠다는 마음에 대학원에 왔다. 막상 대학원에서는 신문이나 잡지 등의 자료를 많이 읽게 됐는데, 차츰 재미를 붙였지만 내가 처음 생각했던 문학과는 멀어졌다는 생각이 들더라.

최병구(이하 '최'): 개인적으로 대학원에 진학하기 전 영화에 대한 꿈이 있었다. 막연하지만 당시 내 문제의식을 영화를 통해 표현하고 싶었다. 학부 4학년 때 영화에 대한 꿈을 접고 대학원에 진학하게 된 결정적 계기는 1980년대 문학과의 만남이었는데, 그때도 영화를 대했던 마음가짐 위에 있었던 것 같다. 이후 카프와 프로문학을 공부하게 된 것은 1980년대 문학의 기원부터 알아야겠다는 생각 때문이었다. 돌이켜보면 소외되고 버림받은 사람들에 대한 관심, 그런 환경에 대해 이야기해보고 싶은 욕망이 대학원 진학의 계기였던 것 같다. 덕분에 석 · 박사과정동안 연구주제 때문에 고민한 적은 없었다. 오히려 반대로 내 관심분야에 한정된 공부만을 해온 것 같은 느낌이 든다.

김대성(이하 '김'): 대학원에 진학하게 된 것은 물론 공부를 계속하고 싶었기 때문이다. 내가 대학원에 진학할 땐 IMF 즈음이라, 취업난의 영향 속에서 대학원을 택한 사람도 적지 않았다. 체계적으로 취업을 준비하지 않은 사람은 졸업 후 마땅한 진로를 찾기 어려웠으니까. 학부 시절 시류에 맞지 않는 '문청(문학청년)'이었던 나 또한 그러한 사회적 분위기 속에서 자연스레 대학원에 진학했다고 할 수 있다.

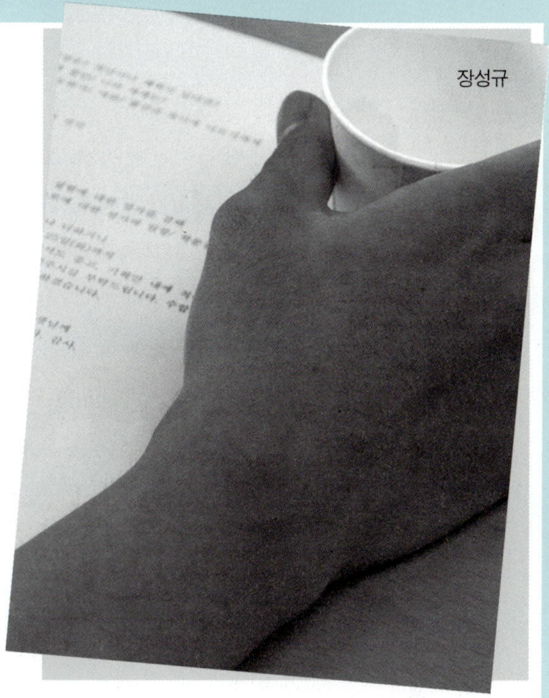

장성규

대학원생다움은 어떻게 만들어지는가?

장: 대학원에 입학한 후는 어땠나? 나는 석사 첫 학기 때 상당히 혼란스러웠던 기억이 난다. 나만의 독창적인 문제의식을 발전시킬 수 있으리라 생각했는데, 주로 학술적 글쓰기에 대해서 한 학기 내내 훈련을 받았다. 물론 지금이야 필요한 과정이었다고 생각한다. 하지만 그때는 대학원 진학 이전에 생각했던 공부의 '상'과는 많이 달라서 당혹스러웠다. 첫 학기 때는 뭐랄까, 일종의 아웃사이더였던 기억도 난다. 아마도 처음 생각했던 대학원과 실제 대학원 사이의 간극을 인식하면서 적응하는 과정이 어려웠던 것 같다.

오: 나에게 대학원은 학부의 연장이 아니라 완전 다른 세계로의 진입이었다. 대학원의 경직된 분위기, 보수적인 분위기에 주눅이 들 정도였다. 학부생일 때는 선생님이 그렇게 어렵게 느껴지지 않았는데, 대학원에 들어가고 보니 지도교수라는 이유만으로 선생님이 괜히 어렵고 불편했다. 새로운 시스템에 빨리 적응을 해야 할 필요성을 느꼈다. 대학원 내 삶의 방식을 빨리 체득해서 여기서 살아나가는 방법을 찾아야겠다는 생각이 들더라. 글쓰기의 경우도, 내 생각을 원고지에 마음껏 펼쳐보고 싶었지만, 대학원만의 글쓰기 방식에 맞춰서 글을 써야 했다. 그러한 글쓰기에 익숙해지면서 내 생각을 더 잘 표현할 수 있게 된 것은 분명한 사실이기는 하지만…….

이: 석사과정생 시절을 떠올려 보면 선생님들께서 자유로운 분위기를 만들어주셨던 것 같다. 학생들이 원하는 외부 선생님들을 직접 섭외해 주셨으니 말이다. 연세대, 성균관대에 가서 수업을 듣기도 하고, 연구공간 수유+너머의 고미숙 · 정선태 선생님 등의 수업도 학교에서 들을 수 있었다. 대학원 제도의 문제를 단순히 일반화하기에는 각 학교나 연구 공간별로 문화적인 편차가 존재하는 것 같다.

장: 문화적인 낯섦 같은 것은 없었는지 궁금하다. 예컨대 선후배 간의 위계질서라든지, 혹은 남성 중심적인 문화라든지.

오: 대체로 국문과 대학원에서 남학생들의 수는 적지만, 학과의 분위기는 남성 중심적이라는 생각이 든다. 국문과 학생의 대부분이 여학생임에도 불구하고 남성 중심적인 분위기를 느낀다. 그러나 여학생들조차도 그러한 분위기를 의식하지 못하고 자연스레 남성 중심적인 분위기를 그대로 따라가는 것 같다.

김: 대학원생으로의 출발에 있어서 '대학원생다움'에 대한 기율을 새로이 익히는 것이 중요했다. '튀지 말고', '시키는 대로 하고' '질문보다는 따라가고 익히는 데에 집중하는 것', 이른바 운신의 범위나 '몸둘 바'에 대한 자기검열을 하게 만드는 시스템이 대학원 구조이고 이 구조 속에서 연구자가 생산된다고 생각한다. 대학원 안에서 대학원생다움을 익혀야 구성원으로 안착할 수 있고 그럴 때 연구자로 데뷔할 수 있는 기회가 주어진다는 것을 뒤늦게 알게 되었다. 대학원생다움에 대한 기율, 이것이 일종의 대학원 '문화'로 외화된다고 생각한다.

장: 대학원생다움, 매우 흥미로운 이야기이다. 아마도 석사다움과 박사다움, 혹은 주연이 되는 경우의 대학원생다움과 조연이 되는 경우의 대학원생다움도 다를 것이고, 이 과정에서 대학원 문화가 중요한 역할을 한다는 지적에는 공감한다.

최: 지도교수의 성향이 학생의 규율을 형성하는 데 큰 영향이 준다고 생각한다. 선후배간의 규율 같은 것도 지도교수의 영향을 크게 받는 것이 사실 아닌가? 도제 시스템이 지닌 장점도 있지만, 분명 지도교수의 영향은 대학원생들에게 절대적인 것 같다.

김: 근본적인 문제는 지도교수의 성향에 달려 있는 것이 아니다. 가령, 석사다움과 박사다움의 기율, 나아가서 BK나 HK에 참여하고 있는가, 그렇지 않은가에 따라서 내부적으로 나눠는 것이 개인의 성향이나 판단에 국한되는 것이 아니기 때문이다. 지도교수의 성향에 국한되는 것이 아니라 그보다 더 큰 체계 아래에 구조화되어 있는 문제니까 그런 각도에서 접근해야 나름의 대안을 고민해볼 수 있지 않겠나. 체험적이고 자기서사적인 진술을 통해 이 문제에 접근할 때 생산할 수 있는 논의가 그리 많을 것 같진 않다.

최: 대학원 구조가 왜 그렇게 돼 가는가 생각해보니, 권력 문제가 핵심인 것 같다. 교수들의 권력 혹은 특정 대학들의 권력이 곧 학생들에게 영향을 미치는 것이다. 가령 학생들의 경우에도 학부와 다른 학교의 대학원 진학을 고민할 때, 이러한 지점이 강력하게 작용한다고 생각한다. 그러다보니 대학원생들 사이에서도 권력의 문제는 존재한다.

장: 사실 최병구 선생님이 이런 말씀을 하실 수 있는 것 자체가 지도교수가 개방적이기 때문이 아닌가 싶기도 하다. (일동 웃음)

이론적 자의식 vs 트렌드로서의 참고문헌

장: 대학원 시스템에 대해 여러 가지 이야기를 들었다. 이제 문학연구의 동향에 대한 이야기를 해보자. 대학원에서 공부를 하다보면 당대의 연구 트렌드에도 영향을 많이 받는 것 같다. 또 그것을 따라가야 한다는 강박도 생기고……. 한 때 라깡과 지젝 등의 정신분석학 이론 열풍이 불더니, 조금 지나서는 포스트 콜로니얼과 관련된 이론들이 유행하고, 최근에는 랑시에르 등의 문학과 정치, 감성의 분할이 논의를 지배하는 등, 아주 빠른 주기로 이론적 트렌드가 변화하는 것 같다. 이론이나 참고문헌의 경향성에 대해서는 어떻게 생각하는가?

김: 문학연구의 곤혹스러운 지점 중 하나다. 그때그때 유행하는 이론들을 수렴하고 계속해서 이를 '업데이트'해야 '연구하고 있음'을 증명할 수 있는 것처럼 보인다고 믿는 강박증이 있다. 그러나 문학 장 안에서 이론들의 업데이트가 계속됨에도 불구하고 그것이 연구방법론을 갱신하는 데까지 나아가지 못하고 있는 실정 아닌가? 실제 1990년대 후반 문화론적 문학연구의 갈래길은 갈수록 좁아지거나 단순화됐다. '물량공세식 세미나'를 통해 연구를 타개하려는 이른바 실증주의적 경향도 있는데, 이 경향 역시, 문학연구 내부에서 이론적 돌파구를 찾지 못하는 상황과 연동돼 있다고 생각한다.

실증을 무시하는 말은 아니다. 분업과 협업을 통해 이루어지는 실증적 접근이 문학연구나 타 학문분야에 끼친 공적은 적지 않다. 그러나 문학연구의 방법론이나 문학을 보는 방식은 오히려 좁아져버린 측면이 있지 않은가. 본래 문학이라는 범위는 굉장히 넓은 것이었는데, 지금은 문학이 지나칠 정도로 실증을 강조하는 학문이 되지 않았나? 좀 더 큰 틀에서의 방법론적 갱신이 이루어져야 하지 않을까.

이: 유행하는 이론을 따라가는 것도 어느 시점이 되면 지치지 않나? 그게 꼭 성실성의 지표랄 수도 없고. 수사적 참신성에 홀리기보다는 나에게 필요한 그리고 나와 맞는 이론을 공부해야 한다고 생각한다. 이론을 좇는 추세에 대한 거북함 때문에, 오히려 나는 실증적인 자료들에 더 큰 관심을 갖게 되었던 것 같다.

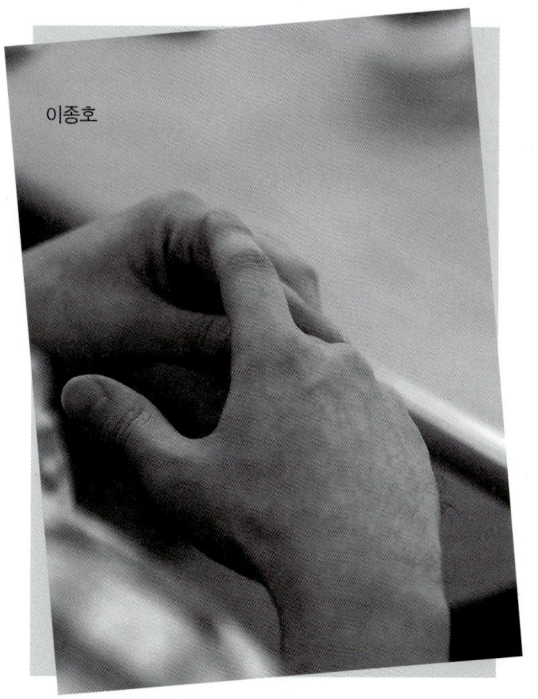

김: 문화론적 문학연구가 문학의 범주를 넓혔고 '작은 역사 만들기'나 '문학이 아닌 것들 속에서 문학을 발견해내기' 등의 유의미한 성과를 만들어낸 것은 사실이다. 그러나 그 결과 문학연구에서 자료의 실증성만 강조하다 보니 방법론적 갱신이 긴 시간 답보 상태에 있게 됐다. 지금 문학(연구)의 지위는 왜소화되어 있고 심지어 사물화되어 있는 것처럼 보인다. 아울러 굉장히 디테일한 문제에 집중하고 있기 때문에 그 부분에 대해 아는 사람만이 접근할 수 있고 그에 대해 모르는 이들을 거의 접근할 수 없게 만든다는 측면도 있다.

오: 유행하는 이론은 계속 바뀌고 이를 일일이 따라잡기는 사실상 불가능하다. 다른 전공자들, 예컨대 외국문학이나 철학 전공자들은 국문학 연구자가 설익은 상태로 외국이론을 수용한다는 비판을 종종 한다. 마치 콤플렉스에 쫓기는 양 유행하는 이론을 따라가기도 한다. 화제의 초점이 되는 이론을 재빠르게 보지 않으면 불편하다는 느낌마저 든다. 문제는 그런 조급증을 동료 연구자들 대부분이 가지고 있다는 사실이다. 이런 고민은 누구나 하지 않나.

이: 여전히 새것 콤플렉스인가? 내가 보기엔 이론의 트렌드화가 한국연구재단(이하 연구재단, 혹은 학진)의 등장과 함께 가속화된 것 같다. 연구재단에 대한 의존도가 높아지고, 연구 과제의 참신성이 우선시되는 상황 속에서, 솔직히 어느 학교의 어떤 팀이 무슨 테마로 공부하고 있는지 여부마저 신경을 써야 하는 현실 아닌가. 연구 테마의 새로움을 위해 새로운 이론과 관점의 적용이 더 빨라진 것 같다.

최: 글쎄, 나 역시 무비판적인 연구 트렌드의 수용은 문제가 있다고 생각한다. 하지만 새로운 연구 경향이 지닌 미덕은 충분히 인정되어야 하지 않을까? 예컨대 지금 관성화되어 버린 측면도 있지만, 문화론적 문학연구라는 연구 추세는 더욱 확장되어야 한다고 생각한다. 작가론이나 작품론과 같은 전통적인 방식의 문학연구는 지극히 협소하고 답답하게 느껴진다. 문화론적 문학연구와 같은 흐름은 기존의 관성화된 문학연구의 장을 깨는 데 큰 역할을 했다고 본다.

김: 방법론의 갱신 없이 실증성을 강조하는 경향은 특정 집단의 문제에 국한되는 것이 아니다. 그간 한국문학의 실증적 연구 결과가 그만큼 빈곤했었다는 것을 반증하는 것이기도 하다. 하지만 많은 연구자들이 연합해서 몇 년 동안 텍스트를 읽어가는 방식이 국문학 장에서 너무 큰 비중을 차지하고 있다는 것은 문제가 된다. 이러한 연구 방법이 '주류'로 통용되고 있는 실정이다.

이: 나는 검열제도로 석사논문을 썼는데 그때가 한창 학제간 연구가 미덕처럼 이야기되던 때였다. 그러나 아이러니하게도 학제간 연구에 성실히 임한 결과 나에게 돌아온 것은 학문적 정체성에 대한 질문들이었다. 시간이 흘렀지만 여전히 제도 연구는 주류는 아닌 것 같다.

오: 어떤 논문을 봤을 때, 그것이 어느 학교의 논문인지 그 정체성을 알 수 있는 것 같다. 검열에 관한 논문이건 제도에 관한 논문이건 논문 자체에 학교 스타일이 묻어난다. 논문을 보면 성대 스타일, 동대 스타일을 알 수 있다는 인식이 존재하지 않나? 논문 주제가 주류인지, 비주류인지는 중요하지 않다. 학교 스타일에 따라 주류적인 흐름이 다르게 만들어진다.

김: 연구논문의 경향성은 특정 학교에 국한된 스타일이라기보다는 더 큰 판에서 봐야 할 필요가 있다. 주류적인 연구 경향이라는 것은 단순히 양적인 문제가 아니라 후속 문학 연구를 추동하는 흐름의 문제다. 최근 학술대회에서 발표되는 주제들의 동향을 보면 알 수 있지 않나?

최: 상허학회도 일종의 트렌드를 만드는 곳 중 하나다. (일동 공감)

김: 학진(오늘날 한국연구재단의 전신인 한국학술진흥재단. 이하 '학진')은 학제 간 연구를 중요하게 생각한다. 대부분의 연구자들이 학진을 통해서 지원을 받고 생존해갈 수밖에 없는 상황에서 다른 학계와의 교류가 중요시되고 있다. 그러나 국문학과는 시 · 소설 · 비평 · 희곡이라는 전통적인 분과체계로만 나뉘어져 있고 기껏해야 문화연구 정도만이 부분적으로 도입되었을 뿐 별다른 변화가 없다. 대부분의 국문과가 학진 사업에 많은 비중을 두고 있고 학제 간 연구를 중요하게 생각하고 있는 만큼 수업 커리큘럼의 다양화나 세분화 등에 대한 고민이 필요하다. 학진에 문제를 전가해버리거나 반대로 학진을 통해서만 연구가 진행될 수 있는, 이 이중의 어려움이 국문학과 연구자들이 놓여 있는 '조건'이지 않은가.

이: 작가론이나 작품론보다는 문화연구에 가까운 연구물이 대세 아닌가. 그러나 여전히 연구재단의 연구자 등록정보는 시 · 소설 · 비평 · 희곡 등으로 나누어져 있다. 새로운 연구경향은 '기타 국문학' 속에 뭉뚱그려 포함된다. 이러한 분류법이야말로 우리가 처한 이중적 모순을 그대로 보여주는 것 아닌가.

영향과 극복

장: 학진 시스템과 관련된 얘기는 잠시 후에 좀 더 깊게 진행하도록 하자. 개인적인 생각으로는 젊은 연구자들이 크게 영향받은 연구 경향들이 있는 것 같다. 내가 대학원 과정 중에 있을 때는 천정환 선생님의 『근대의 책 읽기』나 권보드래 선생님의 『연애의 시대』 등의 문화론적 연구가 대학원생들에게 큰 영향을 미친 것 같고……. 이후에는 라깡과 지젝 등의 정신분석학 이론도 큰 영향을 미쳤고, 호미 바바 등의 포스트 콜로니얼리즘과 이에 기반을 둔 일련의 일제 말기 연구들, 구체적으로 윤대석 · 정종현 선생님 등의 논문도 대학원생들이 많이 읽었다. 동시에 다른 한 편에서는 오히려 고전적인 저서들, 그러니까 쥬네트의 서사이론과 같은 재미는 없지만 일종의 '기본'이라고 해야 하나? 그런 류의 저서가 많이 읽히기도 했던 것 같다.

최: 처음에 대학원에 들어왔을 때는 우리 학교 선생님들의 연구를 따라 읽기에 바빴다. 동아시아학술원에 계신 선생님들의 연구가 학계의 새로운 연구를 주도한다는 이야기도 들었던 것 같다. 그렇지만 정작 대학원생 내부에서의 흐름은 조금 복잡했다. 가령 문화론 연구가 정확히 어떤 의미를 갖는 것인지도 모르고 휩쓸리듯 몰입한 경우도 있었고, 석사논문으로 감당이 안 되는 주제를 잡아서 좌초한 경우도 있었다. 내 경우는 석사논문을 쓸 때 작가론을 무시하는 선배랑 싸운 적도 있었다. 그리고 다시 시간이 지나서 선생님들은 문화론 연구의 한계를 비판하

김대성

고 새로운 갱신을 이야기하고 있지만, 정작 우리가 문화론 연구에 대해 어느 정도 소화를 하고 있는가는 의문이다. 결국 선생님들의 연구 흐름과는 별개로 우리들은 어떤 연구를 해야 하는가 혹은 할 수 있는가라는 물음을 던지는 것이 중요하다고 본다.

김: 나는 김동식 · 권보드래 · 천정환 등 2000년대 초반에 발표된 박사학위 논문이나 문화론적 문학연구를 방법론으로 해서 출간되었던 일련의 저작들로부터 많은 영향을 받았다. 특히 이경훈의 『오빠의 탄생』을 읽고 문학연구도 흥미로울 수 있겠다는 '희망'을 가지기도 했다. 그런데 박사학위 논문을 읽으며 연구방법론이나 동향을 읽어내는 '전통'이 어느 순간 끊어져버린 건 아닌가 하는 생각이 든다. 우리 후배들이 우리가 쓴 학위논문을 읽을까? 이전 선배들처럼 촘촘하게 학위논문을 쓸 조건과 여력이 우리에게 허락될까? 이런 자문을 해보게 된다.

오: 대학원에 들어올 당시 가장 인상 깊게 읽었던 책은 서영채 선생님의 『사랑의 문법』이다. 책을 읽으면서 너무나도 아름답다고 느꼈다. 논문을 이렇게 아름답게 쓸 수도 있구나 하는 생각이 들더라. 일반적인 딱딱한 형식의 논문과는 다른 점이 매혹적이었던 것 같다.

이: 아마 90년대 중반 연구자들에게 주로 해당될 텐데 우리는 작품보다는 신문, 잡지로 문학공부를 시작한 세대 아닌가. 역사통합정보 시스템 덕도 많이 보았고. 그러한 까닭에 문학 텍스트보다는 텍스트 외부의 문제를 다루는 데 주로 시간을 할애했다. 지금 하고 있는 제도 연구 역시 그 연장선상이고.

장: 개인적인 느낌으론 어느 시기까지는 문학 연구방법론의 교류 혹은 공유가 가능했던 것 같다. 전설적인 1980년대가 그렇지 않았나? 그런데 지금은 그렇듯 주류 연구 방법론이 공유될 수 있는 시기가 아닌 것 같기도 하다. 하지만 역으로 다양한 방식으로 기존 연구의 경향을 극복하려는 나름의 자의식들은 누구나 가지고 있을 것이다. 당연히 선배 세대의 영향으로부터 벗어나고자 하는 욕망이 있을 수도 있고……. 이에 대한 얘기를 듣고 싶다.

이: 아프꼼[1]의 경우를 보더라도 권명아 선생님 없이 아프꼼이 가능했을까 라는 생각이 든다.

최: 젊은 연구자들이 진정한 의미에서 선배 세대와는 독립된 연구자로 자립하기 위해서는, 학교 밖에서 다른 학교에 속한 연구자들, 혹은 아프꼼과 같은 제도 외부의 연구자들과 다양하게 교류하는 것이 중요할 것이다. 비록 선생님들에 의해 조직된 것이기는 했지만, 과거 성대-연대 캠프도 이러한 목적으로 생겨난 것이었다. 또 지금 현재 이루어지는 것으로는 동대에서 학기마다 열리는 대학원생 교류회나 '청년상허', '어린피' 등의 모임이 더욱 활성화 될 필요가 있다고 생각한다.[2] 나의 경우에는 '어린피' 모임을 지속하며 몇몇 친구들과 인간적인 유대를 쌓을 수 있었다. 지금의 이런 교류가 차차 학문적인 연대로까지 발전할 수 있을 것이라고 믿는다.

오: 우리를 포함한 젊은 연구자들의 경우 어쨌든 BK나 HK 등을 통해서 국가에서 돈을 받았다. 선배 세대의 30

1 서로 이질적인 것들이 부대끼는 접촉면들의 연결체라는 의미를 가지고 있는 연구모임 aff-com은 2008년 연구자 권명아의 발족으로 시작된 연구집단을 뿌리로 하고 있다. 특정 학교, 학과의 연구자로 한정되지 않고, 석/박사 대학원생, 학부생, 아티스트 등에 이르기까지 다양한 인자들로 구성되어 있다. 젊은 연구자들이나 지역의 연구자들이 어떤 사회적 서열에서 벗어나 자유로이 발언하고, 그것을 통하여 한 개인이 공적이고 사회적인 존재로서의 자신을 확인하는 것을 지향해 왔다. 공론장 자체를 스스로 만들어내는 주체가 되기 위해 학술행사와 대중강좌 외에도 뮤지션과 함께 하는 서평회, 국제 레지던스, 총서 작업, 대학교양과목 개발 등 다양한 활동을 해 왔다. http://aff-com.net.

2 '대학원생 교류회'는 동국대 대학원생들의 발의에 의해 출발한 서울 시내 각 대학원생 사이 발표 및 토론 모임, '청년상허'는 상허학회 창립 20주년 학술대회 기획(2012.12)을 위해 발족한 젊은 연구자들 사이 연석회의, '어린피'는 민족문학사연구소 공부방에서 공부하는 연구자들을 중심으로 함께 주제 발표를 하고 토론하는 정기 모임을 일컫는다.

대 때보다 지금의 우리가 더 학생 같다는 느낌이 든다. 뭐랄까, 제도와 시스템에 길들여진 느낌이랄까. 여기서 벗어나야 하지 않을까 하는 생각이 든다.

이: 나는 이 좌담회가 부담스러웠던 것도 사실이다. 선배 세대가 후배들에게 자리를 만들어 주고 이야기 좀 해봐라 하는 것 같다. 문학사에서 나오는 세대론을 보라. 문제의식을 갖고 선배들과 싸워서 스스로 세대교체에 나서지 않나? 오늘 우리 세대는 선배들이 만들어준 자리에서 자기들끼리 싸운다는 느낌도 든다. 세대론적 되물림이랄까. '청년상허' 이야기가 돌았을 때, 또래 연구자들 사이에서 반감이 없었던 것은 아니다.

장: 그럼 후배 세대로서 선배 세대를 극복하기 위한 구체적인 방법에 대해 고민할 필요가 있지 않나? 나름의 차별화된 문학 연구자로서의 관점이나 방향, 이런 부분들이 논의될 때 생산적인 측면이 있을 것 같은데?

이: 검열 시스템을 통해 문학을 살펴보자는 것이 나의 첫 문제의식이었다. 현재는 문학장과 출판자본, 국가권력의 구도 안에서 문학을 다루고 있고, 나에게는 제도 연구가 문학의 의미를 처음부터 다시 생각해보게 된 계기였다. 개발도상국 남한의 현실 속에서 문학은 무슨 의미인가. 현재 나의 문제의식이다. 문학사에서 당연한 것으로 다루어지고 넘어가던 것들에 대해 젊은 연구자들이 새로이 문제를 제기해야 될 때가 아닌가 한다.

최: 나는 석사논문을 임화로 썼는데, 지금은 프로문학 텍스트를 읽으면서 식민지 시기 당시의 법 제도와 같은 여러 가지 사회적 조건 속에서 프로문학 텍스트가 나왔다는 점에 주목하고 있다. 프로소설이나 프로비평 내부로 논의를 한정하면 읽어낼 수 없는 부분들이 당시의 사회문화적 배경을 함께 독해하니 보이기 시작했다. 또 이렇게 연구의 방향을 잡자 연쇄적으로 새로운 논제들이 보이기 시작했다.

오: 한국문학 자체가 너무 협소하기 때문에 문학 하나만으로는 해결할 수 없어서 문화론적 연구나 제도연구와 같은 문학 외적인 연구까지 나아가는 것이 아닌가 싶다. 이는 한국문학 자체가 가지고 있는 본질적인 문제라고도 볼 수 있지 않을까. 한국 근대문학 작품 텍스트만을 연구의 대상으로 했을 때 감당할 수 없는 부분들이 있는 것 같다. 연구대상이 될 만한 작가나 작품의 숫자가 양적으로 많은 상황도 아닌 듯하다. 텍스트만으로는 더 이상 버겁기 때문에 연구대상의 외연을 자꾸 확장해나가는 것이 아닐까 싶다.

김: 문학이 무엇인가를 규명하는 것으로는 돌파구가 보이지 않는다. 이제는 '문학이 구체적으로 무엇을 할 수 있는가'에 대한 근본적인 이야기가 이루어져야 할 때가 온 것 같다. 문학의 역할, 문학의 기능, 그것을 어디서 발견할 수 있는가? 텍스트를 해석하는 것이 문제가 아니라, 리터러시literacy라는 것이 도대체 무엇인가? 이런 요소들이 지금도 의미가 있다면 어디서 발견, 혹은 발명되는가? 이런 것에 대해 관심을 갖게 되면서 1980년대의 수기나 르포에 대해 생각해보게 되었다. '아직 문학이 아닌' 이러한 자료들이 중요한 이유는, '87년 6월 항쟁 이후 이른바 계간지 체제가 부활하면서 단박에 소거돼 버린 존재이기 때문이다. 제도의 정상화란 게 어떤 메커니즘을 작동시키는지, 제도가 붕괴될 때 순간적으로 출현하는 힘의 정체가 뭔지 연구할 필요가 있다고 생각한다. 거기서 '문학'의 어떤 가능성을 읽어내고 싶다. 민족문학이나 민중문학이라는 개념에 함몰되지 않고, 역사적인 제도에 포함되지 않으며, 전문가적인 안목에는 별 볼일 없어 보이지만, '읽고 쓰는 문제'가 오늘날 어떤 의미를 가질 수 있는지 나름의 답을 찾아보려는 것이다. 이런 작업을 통해 한 세대가 간과한 문제들을 새롭게 다룰 수 있다고 생각한다.

오: 결국 선배 세대의 영향을 돌파하기 위한 방법론은 젊은 연구자 개인의 구체적인 문제의식에 기반을 두어야 할 것이다. 선배 세대의 한계에 대해서 공통의 문제의식을 갖는 방식으로 이를 돌파하려는 것보다는, 각자의 연구에 있어서 자신의 입장에 입각해 돌파할 지점을 고민할 필요가 있다고 생각한다. 후배들이 선배 세대의 한계점에 대하여 공유점을 형성하기도 어려운 상황인 것 같기도 하고. 나는 석사과정 때는 1930년대 식민지시기를 연구했는데, 지금은 1970년대 이후의 중산층 문학을 보고 있다. 내가 지닌 위치나 내 삶의 토대를 생각해 봤을 때, 중산층 문학 연구와 내가 마주치는 부분이 있을 것 같아서이다. 중산층 문학에 관한 연구를 보면 선배 세대들의 논의는 다소 편의적이거나 일률적으로, 혹은 중산층 개념 자체가 모호하기 때문에 아예 이를 괄호로 둔 채로 다루는 경향이 있는 것 같다. 나는 중산층이 재생산되고 정체성을 유지하는 측면을 문학에서 찾아본다면 새롭게 조명할 수 있는 부분이 많다고 생각한다. 이를 통해 나름의 방식으로 나 스스로 선배 세대의 영향을 극복할 수 있지 않을까 싶다. 적어도 나에게는 그렇다.

오자은

학진 키즈의 등장?

장: 화제를 돌려보자. 아까 잠시 학진 시스템에 대한 얘기가 나왔는데, 학진 사업에 관련된 프로젝트에 많은 젊은 연구자들이 참여하고 있고, 또 등재지에 논문을 게재하는 것이 관습이 된 것 같다. 어떻게 본다면 지금의 연구자들은 학진 시스템이 내면화된 세대 같기도 하다.

김: 학진 시스템이 구축되면서 대학원생들은 매달 얼마씩 혹은 연봉 얼마씩을 받고 연구자란 자격으로 경제적 후원을 받는다. BK나 HK라는 형태로 학진 시스템이 대학원 내로 들어오면서 연구자의 태도나 학내 분위기에도 많은 영향을 미치는 것 같다. 성과주의로 인해 인문학 연구가 논문 생산으로 환원되는 것이 일차적 문제다. 또 일을 할당한 후 협업을 통해 일사불란하게 처리하는 체계화된 시스템이 대학원 내의 관계를 대체하고 있는 듯하다. 단순히 연구에 영향을 받을 뿐 아니라, 학진 사업에 맞도록 체계화된 시스템 안에서 생활해야 한다는 것, 그리고 그 안에서 대학원 생활을 유지해야 한다는 것이 지금 상황이다.

장: 학진의 연구 지원 사업의 혜택을 받을 수 있는 인원은 사실 극소수에 한정되어 있다. 따라서 같이 공부하는 연구실 안에서도 지원을 받는 사람들과 지원을 받지 못하는 사람들 사이에 미묘한 분위기가 흐를 수밖에 없다. 어쩌면 같은 연구자들 사이의 연대를 차단한다는 점이 가장 큰 문제인 것도 같다. 한편 대학원 안에서도 진보적 성향의 선배나 동료들은 인문학 연구자가 국가로부터 돈을 받고 관리 받는다는 것에 반감을 느끼더라.

최: 연구 보조를 받는 사람들과 연구 보조를 받지 못하는 사람들이 나누어지는 것은 사실이다. 큰 대학에 혜택이 몰리고, 혜택을 받지 못한 축은 상대적으로 박탈감을 느낄 수밖에 없다.

오: 나는 BK의 혜택을 단 한번도 못 받았다. 그러나 BK가 아니더라도 대학원생에 대한 지원이 많아진 것은 사실이다. 예컨대 서울시 인문 장학금이나, 한국연구재단, 혹은 각종 기업의 장학금 제도 같은 것들……. 그러한 시스템 자체에는 익숙해지는 건 어쩔 수 없는 현상이라는 생각이 든다.

이: BK21 사업에 동국대가 선정되면서 아르바이트를 하지 않고 공부를 할 수 있게 되었다. 물론 실적에 대한 압박이 컸지만 7학기 동안 BK 장학금을 받게 되면서 많은 도움을 받았던 것도 사실이다. 단점도 있지만 나에게는 장점이 더 컸다.

김: BK나 HK라고 크게 얘기하지만, 사실 그 안에서도 연구 실적 등에 따라서 교수나 학생 모두 세부적인 등급으로 나눠어져 있다. HK 사업만 하더라도 그 안에 교수, 연구교수, 전임연구원 등으로 차별화되어 있고 성과지표를 통해 '승진'하거나 '탈락'하는 시스템이 안착되어 있지 않은가. 한 해에 논문을 열 편씩 써야 하는 '기이한' 일은 바로 내부에 나눠져 있는 서열화 체계 때문이다. 이러한 차등화, 계층화는 대학원 안에서도 확인할 수 있다. HK를 하는 사람, BK를 하는 사람, 장학금을 받는 사람, '방 조교' 등으로 나눠어져 있어 '대학원생'이라는 공통적인 감각을 공유할 수 없게 만든다. 이러한 차등화, 계층화에 의해 함께 고민하고 나눠야 하는 문제들을 원천적으로 봉쇄해버리는 기능을 하는 것이다. 이러한 분위기는 가시적 성과 지표를 통한 차등화를 종용한 학진 지원 시스템과 무관하지 않다.

현장 비평과 문학 연구는 병립 가능한가?

장: 학진 시스템만큼은 아니겠지만 문단 시스템 역시 젊은 연구자들이 실감하는 제도 중 하나인 것 같다. 과거와는 달리 신진 비평가들이 대부분 국문학 전공의 대학원생들로 충원되고 있다. 이런 경향이 커지면서 국문과 대학원 안에서 비평은 하나의 통과의례로 간주되는 경우도 종종 있는 것 같다. 비평 활동을 하고 계시는 김대성 선생님께서 하실 말씀이 많을 것 같은데?

김: 비평을 쓰면서 논문을 쓰는 연구자와 비평을 쓰지 않고 논문을 쓰는 사람들의 스타일이 조금 다른 것 같다. 비평을 쓰면 매 계절 글을 발표해야 하고 또 매번 평가된다. 자신이 쓴 글이 공식적인 경로를 통해 불특정 다수에게 읽힌다는 감각을 '현장감'이라고 생각한다. 앞에서 말한 스타일의 차이란 바로 이 현장감의 차이를 가리킨다. 비평을 쓰게 된 계기는 대학원 내에서 글을 쓰고 발표할 수 있는 기회가 많지 않아서였기 때문이다. 앞서 이야기한 '대학원생다움'이라는 기율에 맞지 않는 말하기와 글쓰기 때문에 저지당한 적이 많았다. 남는 것은 내가 잘못했다는 '자기부정'밖에 없었는데, 글을 쓰는 사람으로서의 자의식이나 어떻게 내 삶을 개척해나갈 수 있는가 라는 문제를 '글을 쓰는 행위'를 통해 다잡을 수 있었던 것 같다. 물론 내가 본래 '문청(문학청년)'이라는 점도 작용했을 것이다.

오: 하지만 비평의 메리트가 흔히 운위되는 것처럼 그렇게 큰지는 잘 모르겠다. 비평이 연구실적에 카운트가 되지는 않는다고 한다. 실제로 비평 쓰는 사람들의 이야기를 들으면 피로감을 많이 토로한다. 지치고 힘든 작업이라고 얘기하는 경우도 많고……. 글을 쓰고 싶어서 시작한 것인데, 오히려 주객전도의 상황이 되기도 한다는 얘기도 종종 듣는다. 결국 연구자에게 비평은 부가적인 것이 아닐까라는 이야기도 들었다. 비평과 연구는 여러모로 분명 다른 차원이라는 생각이 든다. 다만 개인적으로는 문학 연구라는 것이 제도의 제약에 더 강하게 구애받는 한편, 비평은 그보다는 조금 더 자유로운 글쓰기 형식에 가깝지 않을까 하는 생각을 갖고 있다. 이건 내가 비평을 하

지 않기 때문에 갖게 되는 막연한 생각일 수도 있겠지만.

김: 대학원 내에서 논문 쓰고 발표하는 과정을 통해 얻게 되는 피드백과 공식화된 매체를 통해서 글을 발표하고 받는 피드백의 강도는 조금 다르다고 생각한다. 비평은 아주 선명하고 강력한 피드백이 온다. 비평의 장 안에 글을 쓰게 되면 다른 이들의 글도 유심히 읽게 되는데(비평은 비평가만 본다!) 그러다보면 비평장의 문법도 읽게 되고 자연스레 자신의 위치를 감지할 수 있게 된다. 그 위치에서 이후 비평가로서 나아가야 할 방향과 방법에 대한 감각을 인지할 수 있게 되는 것이다. 이 과정을 매 계절 거친다고 보면 된다. 논문은 긴 시간 공부한 결과를 발표하는 것이기에 피드백의 속도가 비평보다 느릴 수밖에 없다.

장: 현재 연구자에게 비평가로서의 메리트가 있는지 궁금하다. 분명 많은 젊은 연구자들이 비평가로서 등단하기를 바라고 있는데, 솔직히 그 욕망이 어디에서 연원한 것인지는 잘 모르겠다.

김: 나는 문예지를 통해서 등단을 했지만, 문단을 모른다. 다만, 문단 또한 학계처럼 주니어를 체계적으로 양성하는 등 강고한 시스템이 작동하고 있는 것 같다. 대형 출판사에 속해 있는 문예지들은 자신들의 이익에 부합하는 특정 작가나 비평가들만을 키우고 지면을 할애해 준다. 따라서 비평가로서의 자의식을 표출하는 글보다는 청탁하는 출판사나 문예지에서 키우는 작가에 국한된 비평이 많이 생산된다. 이런 점은 충분히 직시할 필요가 있다. 그러나 문단 시스템으로부터 자유로울 수 있다면 비평은 논문보다는 많은 사람들과 공유할 수 있는 글쓰기 형식이기도 하고, 미약하게나마 현실의 장과 문학 장에 개입할 수 있는 유용한 도구이기도 하다. 무엇보다 글쓰는 사람으로서 자기 정체성을 확립하고, 외부와의 접촉을 통한 현장감을 잃지 않을 수 있다는 면에서 비평 활동이 중요하다고 생각한다.

최병구

연구와 생활 사이

장: 또 다른 얘기를 해보자. 연구자로서의 이야기 말고, 생활인으로서 이야기도 나눌 수 있겠다. 등록금이나 생활비는 어떻게 해결했는지 궁금하다. 나의 경우, 석사 때는 참고서나 문제집 만들기 같은 아르바이트를 계속하면서 등록금이나 생활비를 충당했었는데?

오: 아무래도 석사 과정 때는 박사 과정생에 비해 장학금을 받을 기회가 적었기 때문에 아르바이트를 많이 했고, 박사 과정 때는 서울시에서 장학금을 지원 받으면서 학비를 해결했다. 나머지 생활비는 아르바이트로 해결했고…….

김: 대학원 과정 때는 계속 일을 했어야만 했다. 등단을 결심했던 것도 대학원 안에서는 삶의 활로를 찾을 수 없었기 때문이었다. 그러나 등단을 했어도 원고청탁이 그렇게 많지는 않았고 원고료도 너무 적었다. 이번 학기부터는 온전히 시간강사를 하면서 생

활을 하는데, 이미 빚이 많다. 그 전에는 연구원이나 학진 사업에 참여하면서 어느 정도 지원을 받았지만 지금은 빚을 지지 않고는 생활을 할 수 없는 상황이다. 결혼 계획 같은 문제는 생각조차 할 수 없다.

최: 개인적으로 결혼에 대한 고민이 있어서 공감할 수 있다. 하지만 이왕이면 긍정적으로 생각하려고 한다. 대학원생간의 연애는 돈 문제 말고는 장점이 훨씬 많다고 생각하기 때문이다.

오: 여자들의 경우, 대학원생들은 대학원생들을 만나는 것을 바라는 것 같던데……. 아무래도 서로의 직업을 이해할 수 있는 폭이 넓어서 그런 것 같다.

김: 글쎄, 인문학을 공부하는 대학원생을 누가 좋아할까? (일동 웃음) 규칙적인 생활을 하고 고정된 월급을 받는 직장인들과는 너무나 다른 생활 패턴을 가지고 있기에 외부에서 사람을 만나는 것이 쉬운 일이 아니다. 그래서 내부에서 찾게 되는데, '희생자를…….' (일동 웃음) 결국에는 서로가 희생자이겠지만…….

장: 나는 아내도 함께 공부를 하고 있다. 실제로 한쪽이 많이 희생을 해야 한다. 특히 여자 쪽이 더 그렇다. 아이가 생기면 더욱 그렇더라. 나 같은 경우에는 아내에게 감사하기도 하고 미안하기도 하고…….

이: 대학원에 들어올 때, 생활에서의 어려움은 각오를 하지 않나? 나는 2002년도에 대학원에 들어왔는데, 그 당시만 하더라도 마음을 먹으면 취직자리가 없었던 건 아니지만 공부를 선택했다.

장: 글쎄. 나는 마음을 먹었어도 취직은 어려웠을 것 같은데. (일동 웃음)

이: 물론 생활이란 면에서 남들처럼 살긴 힘들지만, 기대수준을 낮춘다면 불가능한 것도 아니라고 생각한다.

오: 인문학 연구자들의 불규칙한 생활 리듬이 다른 사람들과는 다르다는 점은 분명하다. 이런 점이 다른 일을 하는 사람을 만날 때 서로가 불편한 점이다. 그러다보니 학교 안 사람들만 만나게 되면서 점점 고립되어 가고 외로움을 느꼈다. 시간이 흐를수록 바깥 사람들과 대화의 접점을 찾을 수가 없더라. 우리는 생활과 연구의 구분이 거의 없고, 자신의 관심사 자체가 매우 심화되어 있다. 누구나 직업에 대해 전문적인 자신감을 갖지만 우리의 경우 그런 것이 더욱 심한 것 같다. 일반적으로 여성 연구자는 연애 상대로서 큰 결격사유를 갖고 있다고들 말한다. 돈도 못 버는데 생활은 바쁘고, 공부를 많이 하다 보니 말은 잘하고. (일동 웃음)

불투명한 미래, 불안의 심화

장: 최근 들어 젊은 연구자들의 미래와 관련된 제반조건이 훨씬 악화된 것 같다. 당장 내년부터 시간강사법 개정안이 시행되면 강사의 30% 가량은 해고될 것으로 보인다. 그리고 강의를 얻을 수 있는 조건도 훨씬 까다롭게 변화될 것 같다. 예컨대 박사학위를 기본 자격으로 요구할 가능성도 크다.

최: 그럼 당장 다음 학기부터 그나마 강의를 얻기 힘들어질 수도 있겠네? (일동 웅성)

장: 하여튼 젊은 연구자들은 박사과정을 수료하고 나면 시간강사 생활을 시작하고, 그러면서 교수 자리에 지원하는 것이 일반적인 루트였는데, 지금은 그 미래가 점차 불투명해지는 상황이다. 게다가 교수 자리마저도 비정규

직으로 채워지는 것이 현실이다. 어쩌면 모든 젊은 연구자들이 느끼고 있겠지만, 실제로 이러한 문제에 대한 공동의 논의나 연대의 기획은 거의 없는 것이 아닌가 싶다.

최: 대학원을 졸업하고 생활인으로서 자립하는 것이 갈수록 점점 더 어려워지고 있다. 내 선배 세대까지만 해도 강의 자리를 얻는 것이 그렇게까지 어렵지는 않았다. 적어도 박사과정을 수료하고 나면 안정적으로 강의 자리를 얻을 수 있었다. 그러나 우리는 변화의 잘나에 끼어 있는 세대인 것 같다.

이: 상황이 악화되더라도 변화에 맞춰가야 한다는 것이 내 입장이다. 물론 젊은 연구자들의 미래가 불투명한 것은 사실이지만, 그거야 일반 직장인들도 마찬가지 아닌가. 40대 중반에 직장에서 밀려나와야 하는 현실과 비교할 때, 연구자들은 60대까지도 활동이 가능하지 않은가. 생활인으로서의 능력이 늦게 갖추어질 뿐이지, 연구자라는 직업은 내가 쌓아온 능력을 나이 들어서까지 되새김질할 수 있는 직업이 아닐까?

오: 글쎄, 누구나 알다시피 아주 소수만이 졸업 이후 안정적인 자리를 가질 수 있다. 물론 젊을 때는 나 혼자의 경제적 충족은 가능하겠지만, 나중에 부양가족이 생기면 경제적인 측면에서 당장 생활이 어려워질 수밖에 없다. 게다가 나이가 먹으면 다른 직종에 취업을 할 수조차 없기 때문에 더욱 문제다. 그렇지만 이런 문제는 너무 깊이 생각하면 머리만 아프니까, 매번 스스로 위안하거나 타협하게 되는 것 같다. 깊이 생각하지 않고, 자꾸 생각을 지연시키게 된다.

김: 한국 사회에서 성장하는 삶의 패턴 혹은 생애사적인 주기는 대개 취직을 하면 결혼을 하고, 결혼을 하면 아이를 낳는 '가족'을 구성하는 것을 축으로 형성된다. 그런 면에서 결혼도 하고 아이도 가진 장성규 선생님은 운이 좋은 경우가 아닌가 싶기도 하다. (일동 웃음) 그러나 연구자라는 직업을 갖게 되면서 '독신'은 선택이 아닌 '조건'인 것은 아닌가 하는 생각이 든다. 더불어 강의를 할 때 느끼는 어려움도 있다. 대개는 교양강좌를 하게 되는데, 강의를 하면서 얻는 성취감이 그리 크지 않다. 글쓰기 등의 교양 강의에 대한 학생들의 태도는 대개가 무관심하고 학점에만 연연한다. 획일화된 매뉴얼도 문제지만, 강의를 하고 나면 회의와 자괴감에 빠질 때가 많다. 강의를 통해 연구자로서의 정체성을 확립하고 연구라는 행위를 긍정할 수 있어야 할 텐데, 강의 자리 찾는 것도 어렵거니와 만족감을 얻기는 더 어렵다.

오: 내가 하는 연구와 강의가 조금이라도 연관이 있으면 좋을 텐데, 그렇지 못한 점도 문제가 크다. 강의를 통해 가르치는 내용이 실제 내 연구와는 너무나 다르다. 내 자신이 분열되는 느낌이다. 대학의 글쓰기 강의나 학부 교양 강의의 경우, 커리큘럼이 학교 자체에서 이미 정해져 있는 경우가 많다. 그러니 어느 누가 강의를 해도 학생들이 듣는 수업 내용에는 크게 차이가 없다. 이미 획일화되어 있으니까. 내가 자유롭게 강의를 할 수 있는 것이 아니고, 강의 내용이 한정되어 있다는 것이 회의감에 빠지게 한다. 강의하고 나면 내가 소멸되어 버린 것 같이 구차해지는 느낌마저 들 때도 있다. 박사 과정을 수료하고 강의를 얻지 못하면 신분 자체가 허공에 떠버리기 때문에 상대적으로 불안감을 느끼지만, 동시에 강의 자체에도 회의를 느낀다는 모순된 상황에 놓여 있다.

김: 주위를 보면 학원 일을 병행하는 분들이 있는데 많은 경우는 결국 학원 쪽으로 가버리더라. (일동 공감)

이: 대학원 면접 때였던 것 같은데, 어떤 선생님께서 10년 동안 집에서 공부를 뒷바라지 해줄 수 있냐고 물어보

시더라. 10년이면 석사 입학에서 박사논문을 마칠 때까지겠지? 요즘은 예전보다 상황이 더 나빠진 것 같다. 강의 문제도 그러하고. 어느 선배는 5년 동안 글쓰기 강의를 계속 하다 보니 매너리즘에 빠지는 것 같다고 하더라. 하지만 지금은 글쓰기 강의마저도 얻기 힘든 상황이다. 어려울 것이라 예상했던 것이지만, 그 변화의 속도가 너무 빠르다 보니 현실과 더 타협해야만 하는 딜레마가 있다.

대안적인 실험과 그 가능성

장: 말씀하신 대로 한국 문학 연구자들에게 있어서 오늘날은 불안의 시대인 것 같다. 그렇다면 우리는 얼마나 불안을 극복하려는 움직임을 고민하고 있는지, 혹은 애써 스스로 자기위안이나 변명을 하면서 불안을 외면하려 하고 있는 것은 아닌지 생각해 볼 필요가 있을 것이다. 나아가 나름의 대안적 실험에 대해 고민해 볼 필요도 있지 않을까?

장: 최근에는 교도소 재소자들이나 탈북 청소년, 홈리스나 탈성매매 여성 등을 대상으로 하는 희망의 인문학 등의 프로그램이 활성화되는 추세이다. 나도 잠시 이러한 프로그램에 참여한 적이 있는데 의외로 큰 재미를 느꼈었다. 사회적으로 인문학이 점점 폐쇄, 혹은 고립되고 있지만, 달리 바라보면 새로운 실험을 시도할 수 있는 측면도 있는 것 같다. 예컨대 대학에서의 글쓰기 강의는 상당히 매뉴얼화되고 있지만, 희망의 인문학 프로그램과 같은 경우에는 훨씬 큰 의미를 지닐 수 있지 않을까?

이: 요즘 희망의 인문학 강의를 하고 있다. 실제 수업에 참여하고 있는 분들은 출석부와 달리 소수이다. 서울시도, 복지관도 실적위주로 흘러가고 있다고 할까? 학생들의 편차가 심하기 때문에 정해진 내용을 강의한다기보다는 상황에 따라 수업을 진행하는 경우도 많다. 수업을 듣는 분들의 생활을 고려해야 하는 까닭에 강의에 제한이 있는 것도 사실이다. 그러나 강의의 만족도는 대학 강의보다 높았다.

김: 아프꼼에 대해 좀 더 부연하자면 '아프꼼'이라는 이름을 얻기까지 4년 정도 내부적인 준비가 있었다. 이 과정 속에서 지역-연구자-대안에 대해 많은 경험과 공부를 할 수 있었다. 그간 지역에 있는 여러 문화단체나 대안단체들과 연계해서 할 수 있는 작업들을 끊임없이 시도했다. 연구자들이 아카데미 안에서 '할당'되는 것만을 나눠가지며 사는 것이 아니라 스스로가 자존감을 지켜가며 연구자로서의 삶을 지속할 수 있는가가 시작부터 지금까지 변하지 않는 중요한 목표이다. 그 과정 속에서 독립 출판사를 만들어보려고 준비를 하기도 했었고 전문가를 초빙하는 대신 내부 사람을 양성해서 그 작업을 수행하려고도 했다. 최근에 나온 아프꼼 총서 1권(권명아, 『무한히 정치적인 외로움』, 갈무리, 2012)은 이러한 작업의 작은 결실이다. 얼마 전 아프꼼이 일본 연구자들과 함께 심포지엄을 열었는데, 일본에서 아프꼼의 취지와 의미에 큰 관심을 보이더라. 단순히 중앙과 지역이라는 대립 구도로 환원되지 않고, 지역 대 지역으로 연계되는 넓고 다양한 사고방식을 가지게 해주는 것, 소수의 누구를 위하는 것이 아니라 각자가 자존감을 갖고 다양한 삶의 양식들을 모색하면서 연구자들이 연합하는 것이 중요하다고 생각한다.

무엇을 할 것인가? - 동료 연구자들에게 전하는 메시지

장: 긴 시간이 흘렀다. 좌담 시작한 지 4시간 가까이 되었다. 처음 연구자로서의 자의식에 대한 이야기부터, 선배 세대의 영향과 극복, 학진이나 문단 시스템에 대한 이야기, 나아가 생활에 대한 문제와 대안적인 실험의 가능성까지 두루 화제가 미쳤다. 좌담을 마무리할 시점인데, 마지막으로 젊은 연구자들이나 동료 연구자들에게 하고 싶

은 이야기를 듣고 싶다.

최: 다른 학교 학생들과의 교류가 활발히 이루어진다면 좋지 않을까 싶다. 보통 학위를 받고 나서야 학회에 가고 다른 동료 연구자들을 만나곤 하는데, 그런 일이 더 빨리 이루어져야 한다고 본다. 아마도 우리가 오늘 한 이야기들의 대부분은 각자가 주변 동료들과 수없이 나누었을 대화들이다. 일단 사적인 자리에서나 할 법한 이야기들이 공식적인 자리에서 좌담 형식으로 이야기된 것 자체가 의미가 있다고 생각한다. 하지만 시작은 이제부터라고 생각한다. 오늘 좌담에서 나누었던 여러 가지 이야기, 우리 세대 누구나 느끼는 문제를 해결하기 위해서 필요한 것은 말이 아니라 실천이기 때문이다. 오늘 이 자리가 그 실천을 위한 첫 발걸음이 되었으면 좋겠다.

김: 대학원 구조 안에서 활로를 찾기 어렵다. 젊은 연구자들이 제대로 만날 수 있는 기회도 거의 없다. 그렇다고 대학원을 부정하고 떠난다고 해결될 수 있는 문제는 아니니까, 그 동안 해 왔던 연구에 바탕을 두고 외부 단체와 협력해서 강좌를 개설하거나 다른 형식의 모임을 구성하는 방식으로 진행해야 할 듯하다. 연구자로서의 작업을 누군가에게 할당받아서 하는 것은 연구자의 삶과 사고, 심지어 연구범위와 주제 및 방법론에까지 지속적으로 영향을 준다고 생각한다. 그러므로 연구와 생활은 별개가 될 수 없다. 내부의 갱신도 필요하지만 외부에서 다양한 집단과의 연계를 통해 연구를 하고 글을 쓰는 능력을 공유함으로써 서로에게 도움이 되는 효과를 만들어내는 것이 중요하다. 자신이 읽고 쓰는 것이 스스로에게도 의미를 주고 다른 이들에게도 도움이 될 수 있는 장을 만들어가는 것, 그런 방향으로 가야 하지 않을까 생각한다.

오: 다른 분들도 한 이야기지만, 역시 대학원 안에서의 세미나, 모임뿐만 아니라 대학원 밖에서의 대안 모임, 공동체에 대한 고민도 필요하지 않을까 싶다. 어느 한 쪽에만 강조점을 두기보다는, 안팎의 이러한 활동들에 대해 눈과 귀를 열어둘 필요가 있을 것 같다. 또한 소속 학교와 관계없이 젊은 연구자들이 공부 뿐 아니라 공부하는 삶 자체에 대한 이야기도 나눌 수 있는 장들이 계속 마련될 수 있었으면 좋겠다. 물론 이러한 새로운 장의 마련은 젊은 연구자들 스스로가 다양한 실험을 통해 실패하고 성공하면서 만들어나가야 할 것이다. 결론은 같이 함께 하자는 것이다.

이: 젊은 연구자들을 중심으로 현재 다양한 세미나들이 진행 중이다. 또한 '한국학전공 대학원생학술교류회'나 '어린 피'와 같은 소규모 학술연구모임들이 자발적으로 운영되고 있다. '청년 상허'도 마찬가지고. 젊은 연구자들이 점점 줄어들고 있는 현실 속에서, 그리고 더욱 힘들어져만 가는 연구 현실 속에서 이러한 모임들이 새로운 가능성들을 지니고 있다고 생각한다.

장: 결국 젊은 연구자들의 불안은 우리 스스로의 교감과 연대를 통해서만 극복될 수 있을 것이다. 어쩌면 오늘 좌담이 의미를 지니는 것은 서로간의 대화를 통해서 부족하게나마 희망의 단서들을, 아니 정확하게는 희망의 단서를 찾고자 하는 동료들의 목소리를 확인할 수 있었기 때문이 아닐까 싶다. 긴 시간 동안 어려운 질문들에 답해주신 여러 분들, 그리고 미숙한 사회 때문에 고생 많으셨던 여러 분들께 감사드린다. 만약 다시 만나게 된다면, 그때는 서로가 지닌 희망의 로드맵에 대해 얘기할 수 있기를 바란다. ■

좌담에 보태는 한마디

양순주
동아대

현재 연구모임 aff-com에서 활동하고 있다. 이번 기회를 통해 선배 연구자들의 좌담에 참석하여 젊은 한국문학 연구자들의 현실에 대한 이야기들을 직접 들을 수 있었다. 문화나 환경이 개개인마다 차이가 있었지만 한편으로는 공감할 수 있는 지점들도 많았다. 앞으로도 이번 좌담과 같은 교류들이 활발하게 생겨나 불안보다는 즐거움, 기쁨과 같은 가능성들을 나눌 수 있었으면 좋겠다.

시작은 이렇게

학부 때, 시 창작학회, 국어학 연구회와 같은 다양한 써클 활동을 하면서 문학 공부를 계속하고 싶다는 생각이 들어, 자연스럽게 대학원에 진학했다. 대학 시절, 가장 기억이 남는 것은 학회원들과 '몸시'라는 시 퍼포먼스를 준비하고 문학제에 나가 입상하고, 몇몇 단체의 요청에 응해 활동하던 몇 개월의 시간이다. 이때, 문학을 통해 이러한 즐거운 생활을 지속할 수 있지 않을까 하는 생각을 하게 되었던 것 같다. 또, 우연한 기회를 통해 학회에서 논문 발표를 하면서 대학원에서 계속 공부를 해보자는 생각이 들었다. 그러나 막상 닥친 현실은 내가 생각했던 생활과 격차가 있어서, 초반에는 대학원 생활에 적응하기가 어려웠다.

대학원은 나에게

내가 생각했던 대학원 생활은, 학부의 연장선상에 놓여 있었으나 현실은 그렇지 않았다. 그러나 그 현실에 맞추어 적응해 나가고자 하는 것만이 답은 아니라고 생각한다. 오히려 대학원 생활을 하면서는, 애초가 내가 하고자 했던 공부가 어떤 것이었는가를 탐색하면서 보낸 시간들이 더 많았다고 생각한다. 자기성찰이라고까지 거창하게 말하지 않더라도 공부하면서 이런 시간들은 가지는 것이 필요한 것 같다. 이러한 모습이 다른 친구들에게는 '아웃사이더'로 비추어질 가능성이 농후하지만, 그게 크게 중요하지는 않았다. 또 한편으로, 모색의 시간을 통해서 시스템의 문제에도 관심을 가지게 되었다.

내 공부는

대학원에서 주로 보았던 잡지나 소설, 논문들이 대부분 일제 말기를 대상으로 한 것들이었다. 그렇다보니, 자연스럽게 이 시기를 대상으로 공부하게 되었고, 특히 황민화 정책과 이중언어 글쓰기와 관련된 것에 관심을 가지게 되었다. 김윤식의 저서 및 권명아, 황호덕, 이혜령, 윤대석 등의 글을 많이 읽었다. 지금은 영역을 확장하여, 언어, 번역, 주체와 관련된 문제들에 집중해서 공부하고 있다.

이론의 자극이란 건

최근 『개념과 역사, 근대 한국의 이중어사전』(황호

덕 · 이상현 지음, 박문사, 2012)이라는 책을 보았다. '연구편'은 저자들이 이전에 발표했던 논문들을 보완해서 엮어놓은 것이었지만, 한국어와 번역의 문제를 이중어사전들을 통해 고찰하고 있는 흥미로운 저작이었다. 근대의 출발에서부터 병존했던 번역의 문제는 현재, 한국(문학) 담론장에서의 이론과 번역 문제와도 겹쳐서 생각해 볼 수 있다. 한 예로, 칼 슈미트의 저작은 1980년대에 이미 번역된 텍스트임에도 불구하고 지금에 와서 성행하게 된 이유는 무엇인가. 그것은 통치성과 주권에 초점을 맞춘 연구경향과도 무관하지 않을 것이며, 그 외에도 이유는 다양할 것이다. 그러나 한편으로, 이와 같은 이른바 유럽발 이론들의 성행은, 유럽에서 학위를 취득한 자들이 자국어로 번역함으로써 동시에 이루어지는 것은 아닐까. 하지만, 이 자체에 문제제기를 하기보다는, 이 지점에서 한국(문학) 연구자들의 포지션을 성찰해 볼 필요가 있다고 생각한다. 다시 말해, 서구 중심주의 극복의 문제가 담론의 영역에서는 이미 자명한 것임에도 불구하고 삶이나 일상, 존재론적 영역에서는 오히려 서구 따라잡기에 발목이 붙들려 있는 것은 아닐까.

학교 밖에서

지금까지 단 한 번도 어떤 그룹이나 제도에 속하지 않고 생활했던 적이 없지만, 위와 같은 문제의식을 가지고 시스템에 대한 고민들을 하고 있다. 지난 여름, 데리다가 창설한 국제철학콜레주의 한 디렉터를 도쿄에서 만난 적이 있다. 그와의 만남은 나 또는 aff-com이 여전히 제도에 속하면서도 그 한계를 벗어나고자 하는 아포리아적인 상황을 유연하게 생각해 볼 수 있는 계기가 되었다. 국제철학콜레주는 국가지원금을 받아 비영리로 운영되는 학교이다. 이곳은 일반 대학과 달리 학위나 시험이 없고 학비나 입학자격도 없다. 강의는 모두 토론 중심의 세미나로 이루어지며 이를 주관하는 역할을 디렉터들이 담당하고 있다. 이처럼 안과 밖의 경계를 관통하는, '통과하는 장소'로서의 콜레주는 '준제도로서의 취약함'에서부터 출발하고 있는 것이다.

제도의 안과 밖 사이 구분은 엄밀치 않다. 나 역시 대학원생/연구자이면서도 그 위치에 한정되지 않는 활동을 앞으로도 지속하고 싶다. 그 한 가지 방안으로 현재 aff-com 활동을 하고 있다. aff-com은 정동(affcet)과 공동체(commune)라는 이론적 층위를 탐색하는 것뿐만 아니라 실천적인 활동을 실험하는 작업들을 해 나가고 있다. 또한 기존의 도대에는 형성되어 있지 않던 공론장을 스스로 만들어내는 주체가 되어, 몫을 함께 만들고 나누어가질 수 있는 인터페이스로서의 삶-연구-글쓰기를 부단히 실천해 나가고 있다. 이러한 활동과 연구를 병행하면서 앞으로도 유연한 관계맺음을 만들어가고 싶다.

끝으로

좌담에 참석하여 다양한 얘기들을 들으니 복합적인 결들을 함께 생각해 보아야할 것 같다. 우선 개인적인 차원에서 말하자면, 나는 현재 대학원 과정생이기 때문에 현실적인 상황에서 다른 참석자들보다는 자유로운 입장을 취할 수 있다고 생각한다. 또한 지금껏 얘기한 문제나 불안이 단지 개인적이고, 특수한 상황으로 환원되는 것이 아니라 동세대, 나아가 이전 세대와의 원활한 교류로 이어질 수 있는 방식도 생각해 보아야한다고 느낀다. 따라서 오늘 이 자리와 같은 다양한 방식으로의 연구자간 교류가 활성화될 필요가 있겠다.

나는 대학원 생활을 하면서 개인적으로 그러한 활로를 모색하고자 했으며 그 속에서 다른 길들을 찾던 와중에 일본에 연구자간 교류 프로그램에 참여하게 되었다. 일본에서의 생활을 통해 고정된 포지션에서 관계 맺는 것이 아닌 순수한(?) 연구자 간의 교류를 경험하면서 함께-있음을 기반으로 모색 가능한 작업들에 어떤 희망을 꿈꿀 수 있게 되었다. 그 희망이라는 가능성을 함께 나눌 수 있는 활동들을 이후로도 지속하고자 한다. ■

읽는다는 것,
산다는 것

우리는 끊임없이 읽는다. 그러나 어떤 글, 어떤 책은 우리에게 읽을 눈을 준다. 우리는 어떻게 '눈'을 얻고 연구자가 되었는가. 몇몇 선배, 동학들에게 지금의 '눈'을 얻게 한 책과 글에 대해 물었다. 그들의 책꽂이를 함께 훑어 보자.

또한 우리는 끊임없이 먹고 자고 고통받고 사랑한다. 어떻게들 살며 견디며 공부하고 있는지 궁금할 때가 있다. 연구자로 살아간다는 것에 대해 우리는 어떤 감각을 갖고 있는가. 동료들의 목소리에 귀기울여 나를 되돌아 본다.

하나의 이정표를 기리며

『한국문학사』

신형기
연세대

대학에 갓 입학한 신입생으로 막연한 희망에 차서, 아니 알 수 없는 허기증에 쫓겨 이리저리 교정을 헤매던 1974년 봄, 별 계획 없이 들른 구내서점에서 골라 든 책이 김윤식, 김현의『한국문학사』(민음사)였습니다. 1973년에 초판[1]이 나온, 몇 백 원의 정가표가 붙은 유혹적인 두께의 이 책은 그 후 40년 가까이 제 서가를 떠나지 않았습니다. 이 책과 동서한 오랜 시간을 돌이키려니 제가 먼저 감회에 젖게 되네요. 제 경우를 이야기하면서 이 책의 의의랄까 의미를 되짚어보려 합니다.

일단 저에게『한국문학사』는 한국문학을 공부하는 일이 매우 의미 있고 장차 해볼 만한 사업이라는 생각을 품게 한 이정표였다는 말씀을 드리고 싶습니다. 백철과 조연현의 문학사를 이미 건성으로라도 들추어 보았지만 별다른 감동을 느끼지 못했는데,『한국문학사』가 특별하게 다가온 이유는 무엇이었을까요? 무엇보다 이 책은 당시로선 그전에 듣지 못했던 대담한 주장을 펼쳤고 참신한 시각을 제시했습니다. '방법론 비판'이라는 제목이 붙은 1장부터가 충격적이었지요. '한국문학은 주변문학을 벗어나야 한다'는 명제를 제시하고 '구라파 문화를 완성된 모델로 생각하는 향보편콤플렉스'를 비판함으로써 이식문화론 · 전통단절론의 극복을 외친 부분에서는 무릎을 치지 않을 수 없었습니다. 한국문학에서 '그 나름의 신성한 것을 찾아내야 한다'는 주장은 저에게 정언명령과 같이 들렸습니다. 그래서 저도 장차 연구자의 길을 걷게 된다면 한국문학을 서구 내지 일본이라는 중심, 혹은 보편에 미달하는 변방의 결여된 모조품으로 간주하는 일단의 경향을 넘어서는 데 일조하리라 다짐하던 기억이 납니다. 한국문학이 갖는 지역적(local) 특수성은 곧 상대적 중심성을 갖는 것으로 다루어져야 한다는 생각이었던 것이지요.

상대적 중심성을 갖는 한국문학의 역사는 그 내적인 유기성을 통해서 서술되어야 했습니다. 전통단절론은 마땅히 분쇄되어야 했지요. 이 책은 근대문학의 기점을 '영, 정조시대[2]로까지 올려 잡습니다.『열하일기』로부터 근대가 시작되고 있었다니! 물론 이 과감하고 놀라운 주장은 1960년대 말부터 요원의 들불처럼 번져갔던 이른바 자생적 근대화론을

---

1 『한국문학사』는 1972년『문학과 지성』봄호로부터 1973년 겨울호까지 연재되었다.

2 영조의 재위기간은 1724년에서 1776년까지다. 영정조시대라고 하면서 1780년부터 1880년까지를 '근대의식의 성장기'로 구획한 이유는 잘 설명되어 있지 않다. 아마도 박지원이 북경을 향해 떠난 해인 1780년을 지목한 것은 아닐까?

수용한 결과였습니다. 자생적 근대화론은 근대를 주체적으로 사유하게 했다는 점에서 당시의 저와 같은 학생들에겐 더없이 매력적이고 또 지당한 것으로 비쳤습니다. 개인적인 기억을 더듬어 보면 마침 김용섭 선생님의 지루하지만 특별했던 한국사강의를 들어 존경의 마음으로 『조선 후기농업사연구』(1970)를 읽었고, 『한국사시대구분론』(1970)과 같은 책을 비롯하여 김영호 선생과 조기준 선생의 상업사 연구 등을 접하면서, 이미 임란 이후 조선 후기에서부터 근대로의 발전적 변화가 시작되고 있었다는 '이야기'를 솜이 물을 빨아들이듯 받아들였던 듯합니다. 식민화 이전에, 그것도 한참 전에 사회 내부의 변화가 그렇게 진행되었다면 스스로 근대를 달성할 수 있었던 것인데 하는 아쉬움에 한숨짓고, 이 흐름을 꺾고 만 외부로부터의 충격에 대한 원한을 새롭게 하면서, 묻혀 잊었던 역사를 발굴하고 회복한다는 생각으로 자못 심각하게 진지했던 것이지요.

자생적 근대화론이 그려낸 조선 후기 사회의 근대상(近代像)이 무척 구체적으로 보였던 이유는 아마도 사회변화나 의식의 변화를 경제적인 변화에 따른 반영으로 설명하는 방식에 있었던 듯합니다. 『한국문학사』 역시 매우 기발하다고 할 정도로 사회변화와 문학적 현상의 콘텍스트를 엮어 제시했지요. 예를 들어 2장 '근대의식의 성장' 부분을 보면 소현, 장헌세자의 죽음이나 『한중록』의 경우를 조선사회의 내부적 모순이 부각되면서 진행되는 가족제도 '붕괴'의 징후로 읽었고, 김병연(김삿갓)이 시의 이념을 파괴했다면서 그의 시를 양반의 몰락 · 민중에너지의 분출이라는 맥락 속에 놓고 있습니다. 또 『춘향전』을 판소리에 근거한 열린 체계(opened system)의 소설로 단정한 뒤, 그런 면모는 조선 후기 사회를 구체적으로 반영한 데 따른 양상이라고 설명했지요. (상상적) 문학에 한정되지 않는 여러 텍스트들을 마치 관현악의 배치처럼 다층적으로 구성해낸 서술은 대상을 한 눈에 넣는 넓은 시각과 현상 배후의 종심(縱深)에 이르는 통찰의 깊이를 확보한 데 따른 성과였습니다. 이런 입장은 이른바 '개화기'나 계몽기를 다룰 때에도 적용되어 『서유견문』의 문체와 『독립신문』의 문체가 식민화과정 속에서 그리는 궤적을 뒤쫓고 개화기소설에서 새로운 정치소설과 낡은 고대소설의 영향이 교차하고 있음을 봅니다. 사실 이런 서술은 『한국문학사』 이전에서는 시도되지 못한 것이었습니다. 최남선을 중인의식과 도산사상이라는 배경 위에 놓음으로써 이광수가 나아간 지점은 더욱 분명해집니다. 이 책이 들어 올리고 있는 유기적 관련의 그물망으로서의 문학사는 저뿐 아니라 많은 예비연구자들로 하여금 비로소 한국문학을 입체적으로 조망할 수 있게 했다고 말해도 무방할 것입니다.

배우는 입장이 아니라 가르치는 입장에 서게 된 이후로도 저는 『한국문학사』를 교재로, 혹은 참고문헌으로 사용했습니다. 그러면서 자연히 이 책에 대한 나름의 이견이나 평가의 입장 같은 것을 갖게 됩니다. 무엇보다 조선 후기라는 시기를 외부로부터 근대의 충격이 가해진 이후와의 연속성 위에 놓는 것이 반드시 필요하고 타당한 일인가 하는 의문이 들었지요. 특히 모더니티가 심도 있게 조명되어야 할 문제로 여겨지고 자생적 근대화론과 관련한 성과가 더 이상 나오지 않으면서,

자생적인 변화라는 것이 과연 근대를 연 변화이고 그렇게 이어지는가를 회의하는 눈에 영, 정조 시대 기점론은 지나치게 의욕적인 주장으로 보이기 시작합니다. 모더니티란 결국 자본주의를 동력으로 작동하는 것일 터인데, 설령 그 맹아가 싹텄다 하더라도 일국적 차원에서의 자본주의와 세계체제라고 해야 할 자본주의는 다르게 보아야 한다는 생각이었지요.

저는 그런 생각으로 식민지근대화론을 읽었습니다. 식민화를 통해 진행된 근대적 변화에 주목하는 식민지근대화론은 '비주체적'이었는지 몰라도 저로 하여금 세계체제로서의 자본주의와 제국, 그리고 식민지가 무엇인가에 대한 좀 더 구체적인 이해를 갖도록 했습니다. 또 이런 이해 위에서 자생적 근대화론은 민족주의적인 시각에 의한 과장이나 왜곡을 배제하지 못한 역사상일 수 있다는 생각을 하게 됩니다. 결국 자생적으로 진행되었다는 근대적인 변화와, 침략과 식민화로 진행되었다 하더라도 제국을 경유한 다국적이고 다문화적인 절합이 반복해 이어지는 와류(vortex)로서의 근대의 시간 사이에는 큰 간극이나 날카로운 단절이 있다는 판단이 불가피해졌지요. 그런 단절을 초래한 것이 바로 근대라고 했을 때 자생적 근대화론에 입각한『한국문학사』는, 근대의 문제는 물론 식민화 또한 너무 소박하게 다룬 것으로 보이기 시작합니다. 나아가『한국문학사』에 국한한 문제는 아니지만 일국에 한정한 유기적 흐름으로 서술되는 문학사의 유효성을 의심하게 되면서 차츰 문학사라는 과제로부터 멀어져갔던 듯합니다.

짧지 않은 세월동안 한국 근대문학을 공부해 왔다고 해야 하겠으나 과연 제가 한국 근대문학에 대해 말할 수 있는 것이 무엇인지 자문해 보면 부끄럽고 난감할 따름입니다. 그저 여전히 근대와 근대문학이라는 화두를 붙들고 있다고 해야 할까요? 아마도 그 화두란 한국인으로서 어떻게 한국문학을 읽고 연구해야 하는가 하는 평범하다면 평범한 고민을 통해 풀어나가야 하는 것일 테지요. 저 역시 한국인의 입장에서 한국 근대문학을 읽을 수밖에 없다는 것, 그런데 그 입장이 오히려 대상과 자신들에 대한 이해를 제약할 수 있고, 그렇다면 이를 어떻게 역사화해야 하는가 하는 고민에 동참해 왔다고 감히 말씀드릴 수 있겠습니다. 이제『한국문학사』도 이런 입장에서 역사적으로 검토되어야겠지요. 이 책이 한국의 근대문학에 대한 어떤 이야기를 어떻게 구성하고 제시했으며 왜 그렇게 했는가가 물어져야 한다는 뜻입니다. 일단의 문학사 서술을 통해 한국 근대문학 연구가 본격적으로 시작되었다는 사실은 그 자체가 흥미로운 일이지요. 이제 '국문학'이란 것에 대한 반성이 제기되었고, 기왕의 근현대사 서술을 비판적으로 돌이키는 사학사(史學史)도 시도되고 있는 것으로 알고 있습니다. 오늘날 한국 근대문학 연구는 그 범위를 획정할 수 없을 만큼 확대되어, 놀라운 성찰과 탐색을 보이는 성과들을 쏟아내고 있습니다. 이른바 압축성장이 연구에서도 실현되고 있는 듯합니다. 이런 '발전'은『한국문학사』와 같은 책들을 통해 가능했다는 데 대해 아마도 이견이 없으실 겁니다. 이제『한국문학사』는 또다시 거름이 되고 자양분이 되어야 합니다. 이 역사적인 이정표를 돌이킴으로써 우리는 미래로의 길을 열어가야 할 것입니다.*

소인素人이 있던 자리

『궁핍한 시대의 시인』

황종연
동국대

동국대 대학원 국어국문학과 '현대문학이론' 수업 후반기의 몇 주 동안 학생들과 함께 찰스 테일러의 『세속화와 현대문명』을 읽었다. 이 책에는 그 퀘벡주 출신의 캐나다인 철학자가 2002년 가을 일주일간의 한국 방문 중에 네 차례 행한 강연 원고의 한국어 번역문이 영어 원문과 함께 실려 있다. 그 원고들은 그로부터 약 5년 후에 출간되는 그의 대작 『세속시대 *A Secular Age*』의 일부에 해당한다. 그 주제들은 기독교 전통이 서양 근대 형성의 결정적 요인이라는, 그리고 그 전통 내에서 또한 그 전통에 맞서서 배양된 형이상학적 사고가 근대문화에 핵심적이라는 그의 지론과 이런저런 방식으로 연결되어 있다. 나는 고작 두어 주 동안의 한국어 독서로 그의 학설을 해득할 수 있다고 믿을 정도로 어리석지는 않다. 그럼에도 현대문학에 대해 이론적으로, 철학적으로 사고하려는 학생이라면 그의 서양근대사상사론의 요점을 다소라도 알아두는 편이 좋으리라고 생각했다. 그에 관한 세션의 마지막 시간에 나는 그의 계몽과 반계몽(counter-enlightenment) 비판을 주제로 학생들과 토론했다.

국어국문학과 교과 중에 찰스 테일러라니, 현대문학이론 수업 중에 가톨릭계 유신론자의 인본주의 비판이라니, 엉뚱한 선택이 아닌가. 그럴지도 모르겠다. 하지만 탈마법화된, 자연주의적인, 인본주의적인 세계 인식에 대한 불만을 알아보지 못하는 한 철학적, 예술적 모더니즘에 대한 정확한 이해는 불가능하다. 조악함을 무릅쓰고 말하자면 테일러는 바로 근대문화 속의 불만, 그것의 저류를 이루는 형이상학적 충동을 가장 풍부하고 심오한 형태로 묘파한 사람 중 하나이다. 나는 테일러 식의 역사와 비평이 한국에서도 바람직하다고 생각한다. 즉 한국인의 형이상학적인 마음에 대한 관찰은 한국의 근대문학과 문화에 대한 이해에 불가결할 뿐만 아니라 그 문학과 문화의 가치를 감정하는 중요한 방법의 하나라고 생각한다. 그러한 관찰이 얼마나 의의가 있는가는 일찍이 한 권의 책을 통해 훌륭하게 입증된 바 있다. 김우창의 『궁핍한 시대의 시인』이 그 책이다.

하이데거의 전설적인 횔덜린론에서 제목을 빌린 그 영문학 교수의 첫 평론집이 출간된 것은 1977년. 이 연도는 한국 근대문학 연구사에서 획기적인 시대에 속한다. 한국 근대문학에 대한 역사학적, 비평적 논의는 1970년대를 거치는 동안 비약이라고 불러도 과

잣이 아닐 발전을 거두었다. 이상섭의 『문학연구방법』과 『문학비평용어사전』 같은 공구서의 성공이 예시하는 바대로 서양 비평 방법과 독해 규약의 정착을 바탕으로 한국 근대문학 연구의 전문화가 촉진되기 시작했고, 『한국근대문예비평사연구』를 위시한 김윤식의 저작을 계기로 한국 근대문학의 역사학적 재현이 총람(總攬)적 확장을 보게 되었으며, 백낙청 주재 『창작과 비평』의 영향 아래 민족문학론이라는, 한국문학에 관한 유력한 비평적, 정치적 관점이 만들어졌다. 특히 1970년대의 한국 근대문학 논의는 당시 중요한 이데올로기적 관심사였던 한국인의 민족 주체성의 자각을 목표로 하는 담론 생산의 중심에 있었다. 이것은 김윤식과 김현의 공저 『한국문학사』가 증명하는 바와 같다. 문학사의 방법에 대한 전례 없이 첨예한 의식 하에 저술된 그 책은 주지하다시피 한국사의 내재적 발전론에 공명한 한국 근대문학사 서술의 효시였다.

1970년대 한국 근대문학 연구와 비평을 배경으로 『궁핍한 시대의 시인』을 보면 한 돌올한 비평적 개성의 출현을 인정하지 않을 수 없다. 거기에 수록된, 대략 십 년 동안에 발표된 스물네 편의 평론은 문학에 대한 담론의 세 장르 — 문학비평(『님의 침묵』론인 「궁핍한 시대의 시인」, 『북간도』론인 「민족주체성의 의미」 등), 문학사(「한국시와 형이상」, 「한국 현대소설의 형성」 등), 문학이론(「주체의 형식으로서의 문학」 등) 모두에 걸쳐 있으면서 그 각각의 장르에서 한국어에는 유례가 없는 스타일을 보여주고 있다. 그의 작품 독해와 상황 분석은 언제나 어른스럽고 계몽적이고 향도(嚮導)적이면서도 어떤 종류의 교조주의와도 무관하며, 그의 문학사 소묘는 사조와 작가와 작품의 연대기가 아니라 한국인의 의식과 존재의 변증법적 드라마를 목표로 하고, 그의 이론적 논고는 종래의 한국어 담론에서는 접하지 못한 수준에서 독일 관념론에서 프랑스 현상학, 실용주의에서 프랑크푸르트학파에 이르는 철학의 어휘와 공식을 능란하게 구사한다.

김우창의 개성은 그가 평론 중에 반복적으로 회귀하는 관심 영역에서도 확인된다. 그 영역의 중심에는 사람들이 의식적으로든 무의식적으로든 자신과 세계를 이해하는 수단으로 삼고 있는 근본 관념들, 한마디로 형이상학적 관념들을 확인하고 분석하고 정련하려는 의욕이 있다. 한 세대 이상의 교사와 학생에게 한국현대시사의 에센스와 같았던 「한국시와 형이상」은 그 대표적인 증거다. 1968년 월간지 『세대』에 게재된 이 글은 그 허두에 인용된 "메타피지카, 시의 형성요소"라는 월리스 스티븐스의 교훈을 실행에 옮기는 방식으로 한국 현대시의 역사를 요약한다. (말이 나온 김에 보태건대, 이 미국의 난해한 직관과 명상의 시인은 그의 하버드대 박사논문 주제였다) 그는 한국의 현대시인이 "전통적이고 단일적인 세계관의 붕괴"라는 상황에서 서구의 현대시인이 부딪혔던 문제와 동일한 문제에 당면했다고 가정하는 데서 논의를 시작한다. 그 문제란 경험의 분열과 모순 가운데서 그것을 통일하는 어떤 구조를 발견하는 것이며 세계의 물리적, 정신적 핵심을 장악하려는 "형이상학적 정열"을 요구하는 것이다. 그는 최남선과 서정주에 이르는 시인들의 작품 속에서 그러한 문제의 해결이 시도된 방식을 찾아내고 그 공과를 산정한다.

경험의 모순을 포함하는 구조에 대한 그의 요구는 T. S. 엘리엇을 교부(教父)로 하는 영미 모더니즘 문학의 특징 중 하나인 질서에 대한 열망과 상통하기도 하고, 긴장(tension)을 내포한 통일을 시 작품의 규범으로 삼은 신비평의 기준과 흡사하기도 하다. 그러나 그의 역설적 구조 주장은 형식주의 시학의 범위 안에 머물지 않는다. 그는 모순을 포괄하는 예술적 구조의 발명을 근대 의식의 진화와 결부시킨다. 그가 1976년 계간지 『세계의 문학』을 창간하며 발표한 「한국 현대소설의 형성」에 오면 그 예술적 구조를 창조하려는 노력은 리얼리즘 소설의 발생으로 나타나고 "삶에 대한 전체적인 의식"의 성장과 연결된다. 그에 따르면 「만세전」에서 한 차례 정점에 도달한 "현대소설"은 일상 생활과 역사의 운동, 삶의 내면과 외면을 하나로 종합하는 능력, 다시 말해 개인과 사회의 경험을 그 전체성 속에서 파악하는 능력에 있어서 뚜렷한 진전을 나타낸다. 그리고 그것은 한국인이 식민지 상황이라는 제약에도 불구하고 이성의 원리에 따라 자신의 세계를 만들어가는 동시에 스스로를 만들어가고 있었다는 표시이다. 조금 거창하게 말하면 한국 현대소설의 형성에 대한 그의 고찰은 한국인의 마음의 역사에 있어서 근대적 주체성의 출현을 탐지하고 있는 셈이다.

『궁핍한 시대의 시인』은 그 출간으로부터 삼십 년 이상이 경과한 지금, 낡았다는 느낌을 금하기 어렵다. 한국 근대문학에 내재한 형이상학적인 것에 대한 김우창의 생각이 과연 오늘날의 연구와 비평에 얼마나 유효할까. 『상허학보』의 논문들로 판단하건대, 국어국문학의 부족주의 풍속으로부터 비교적 자유로운, 지적으로 아량 있는 한국 근대문학의 학도들조차 그것은 이제 역사학의 대상이라고 여기지 않을까. 문학적 근대성과 형이상학적 정열 사이의 깊은 관계를 인정한다 해도 그의 논법이 그렇게 만족스러운 편은 아니다. 한국 근대문학에 존재하는 내재와 초월의 변증법에 대한 논의는 좀더 구체적일 필요가 있을 것이다. 한국인의 종교적, 철학적 경험을 그 역사적 맥락을 감안하여 확인한 바탕 위에서, 그리고 찰스 테일러 식으로 말해도 좋다면 계몽, 반(反)계몽, 후(後)계몽의 한국적 이야기 속에서 정교하게 전개될 필요가 있을 것이다.

김우창의 테마는 앞으로 행운이 따라 비평과 철학의 준재(俊才)를 만난다면 더욱 상세하게, 정치하게, 심원하게 발전될지 모르고, 그러다가 언젠가는 그것이 원래 김우창의 테마였다는 사실조차 잊혀질지 모른다. 그러나 그의 비평 작품에는 대체하기 불가능한 뭔가, 그하고 시대와 환경을 달리하는 사람에게서는 출현하기 불가능한 뭔가가 있다. 그것은 문학에 대한 담론이 분과 학문 체제의 공고화에 따른 전문화와 기술화의 압력을 별로 받지 않았던 시절에, 문학과 예술과 철학의 경험이 숭상되던 교양주의 문화 속에서, 그리고 유럽어의 훈련을 통한 새롭고 풍요로운 세계로의 열림이 선망되던 엘리트 계층 내에서 성장한 무엇이다. 어떻게 보면 그것은 소인주의(素人主義, amateurism)다. 학문과 기예에 대한 딜레탕트적 흥미의 추구라는 의미에서가 아니라 직업주의와 전공주의에 손상을 당하지 않은, 건전한 철학적, 비평적 지성의 발로라는 의미에서 소인주의.

언제부터인가 한국 근대문학 연구는 악착스러운 직업 체제 하에 자리를 잡았다. 학자는 장사꾼이 사업을 도모하고 자산을 경영하듯 계획을 수립하고 경력을 관리한다. 학문 활동은 국경 없는 시장의 관섭에서 시식과 기술을 평가하는 국가와 대학 행정 집단의 철저한 관료주의적 통제를 받고 있다. 인문학은 유행에 민감하고 권력에 아첨하는 약소자본의 몰골을 점점 닮아간다. 내가 가지고 있는 1977년 8월 발행 『궁핍한 시대의 시인』 재판본을 여니 거의 모든 페이지마다 본문을 읽기 힘들 정도로 무수히 그어놓은 밑줄이 눈에 들어온다. 그렇게 난해한 교양의 언어와 무턱대고 씨름하던 소년은 자라서 무엇이 되고자 했던 것일까?

무기와 악기

『활과 리라』

오문석
조선대

시보다 혁명을 더 믿었던 때가 있었다. 그때는 혁명을 통해서 시에 이르는 길은 있어도 그 반대는 성립하지 않는다고 생각했다. 그러므로 2002년의 박사논문에서 '시는 혁명이다'라는 테제를 받아들인 것은 나름대로 생각에 큰 변화가 있었음을 말해준다. 91년에 석사를 시작해서 10년이 넘는 기간을 시공부에 투신한 결론치고는 싱거운가? 남들은 그렇게 생각할지도 모른다. 하지만 별것도 아닌 테제이긴 하지만 스스로 확인해서 확신이 서기 전까지는 쉽게 받아들이지 못하는 못된 성질을 가지고 있는 나로서는 그토록 싱거운 결론을 확인하기 위해 10여년의 세월을 낭비한 것이 결코 후회스럽진 않다. 남들이 다 알고 있는 사실이라고 해도 내가 그것을 승인하기 전까지는 내 것이 아니라고 생각하기 때문이다.

옥타비오 파스의 책에 대해서도 같은 얘기를 할 수 있을 것 같다. 『활과 리라』라는 책이 번역된 것은 98년이었지만, 이미 90년대 초반 내가 석사 과정생이었을 당시부터 『흙의 아이들』을 비롯한 몇 권의 책은 이미 소개되어 있었다. 네루다와 더불어 당시 내가 알았던 유일한 남미 시인이었을 것인데, 그것도 정현종 선생님의 안내가 없었다면 불가능한 상식의 하나였다. 학부에 이어 석사과정생 시절에도 선생님은 여전히 네루다와 파스를 강조하셨지만, 당시에는 그것을 귀담아 들을 여유가 없었다. 학부때는 석사 진학을 결정한 다음부터는 온통 리얼리즘 공부에 투신한 상태였고, 석사 진학 후에도 당시 유행하던 프로문학 연구의 분위기를 타고 그 연장선상에서 그 분야의 시론을 정리하겠다고 설쳐대던 애송이였기 때문이다. 지금 생각해보면 분위기에 휩쓸려 지냈을 뿐 자기 공부를 모르던 시절이었다. 무식하면 용감하다는 말이 정확히 들어맞는 때였다. 리얼리즘과 프로문학에 한창 몰두할 무렵 나에게 네루다와 파스는 도무지 레이더망에 잡히지 않는 UFO와 마찬가지였다. 존재한다는 소문은 있었지만 그 실체를 알지도 못했을 뿐 아니라 알고 싶지도 않았던 것이다.

그 상태에서 95년 박사과정으로 진학한 것인데, 그 사이 프로문학 연구자들의 수준이 점차 높아지면서 연구에서도 변화가 찾아왔는데, 연구자들 사이에 이론 연구의 붐이 일기 시작한 것이다. 물론 리얼리즘 연구의 질적 성장을 위한 절차에 해당하는 것이긴 했지만, 석사 때와 마찬가지로 분위기에 휩쓸린 나도 이론 연구의 필요성을 느끼게 되었다. 그러나 막상 이론 공부를 하려다보니 그 동안 리얼리즘 공부에 매진하면서 정작 시 공부를 소홀히 했다는 데에 생각이 미치게 된 것이다. 리얼리즘은 그 특성상 소설 장르에 잘 어울릴 수밖에 없었고, 그래서 이론적으로도 소설 장르를 중심에 두고 논의를 펼칠 수밖에 없었다. 예컨대 당시 리얼리즘 이론을 대표하던 루카치의 소설론을 모델로 하여 그것을 시 장르에 적용하였던 에그리라는 사람의 리얼리즘 시론이 대학원생들 사이에서 복사물로 유통되었을 정도였다. 나를 비롯하여 시전공자들 사이에 시를 위한 독자적 이론에 대한 갈증이 있었던 것이다.

나는 그 갈증의 통로를 낭만주의에서부터 찾고자 했던 것이고, 독일을 비롯한 영미 낭만주의의 시론을 섭렵하면서 결국에는 신비평 주변을 배회하는 지경에 이르게 되었다. 당시 신비평은 상대적으로 보수적인 연구자들이 대거 포진해 있었기 때문에 심정적으로 동의하기 어려웠던 것이 사실이다. 여기에다 더욱 불신을 조장한 것은 당시 신비평 관련 서적들의 번역 상태였다. 지금은 당시에 비하면 격세지감을 느낄 정도로 번역 수준의 비약적 상승을 목격하고 있지만, 그때만 하더라도 번역자들의 언어구사력이 형편없는 경우가 많았다. 번역에 대한 불신으로 인해서 당시 연구자들은 직접 원서를 찾아보지 않을 수 없는 상황으로 몰렸고, 나도 어쩔 수 없이 영어와 독일어 원서를 확인하면서 공부할 수밖에 없었다. 덕분에 외국어 공부의 기회를 얻게 되었으니 이것을 전화위복이라고 해야 할지 잘 모르겠다.

그 와중에 파스의 책 『활과 리라』(1998)가 번역된 것이다. 정현종 선생님은 여전히 대학원 수업 시간에 파스의 『진흙의 아이들』을 영어 원서로 읽히고 계셨는데, 그때서야 비로소 그 책이 눈에 들어왔다. 처음으로 소설과 공유되지 않는 이론, 즉 시를 위한 이론의 존재를 발견하게 된 것이다. 그동안 주로 소설을 통해 문학 이론으로 들어섰던 나에게 파스의 책은 시를 통해서 문학 이론으로 진입할 수 있는 통로도 있다는 사실을 알려주었다. 더군다나 그 책은 마치 책 전체가 처음부터 끝까지 시적 언어로 쓰여지기라도 한 것처럼 화려한 언어의 구사, 자유분방한 상상력의 전시장으로 나를 안내하고 있었던 것이다. 나로서는 이 책을 통해서 시에 대한 이론이 이토록 아름답게 진술될 수도 있다는 것을 처음으로 알게 되었다. 그동안은 주로 독일의 시론을 통해서 시론이라는 것이 '논리적 완전성'의 문제라고만 생각했던 나에게 그 책은 '시적 완전성'의 문제가 더욱 중요하다는 것을 알려주었다. 그것은 사람들이 프랑스의 철학을 통해서 경험하곤 했다는 환상적인 이론의 향연장으로 초대받은 느낌이었다. 파스가 한때 프랑스 유학생이기도 했다는 점이 반영된 것인지 몰라도 그러한 경험은 혹시 프랑스 철학을 제대로만 공부한다면 이와 같은 경험을 다시 반복할 수 있을지도 모른다는 생각까지 하게 만들었다. 물론 그 후 프랑스 철학을 통해 그러한 경험이 쉽게 복원되지는 않았지만 말이다.

『활과 리라』는 그 제목부터가 매력적인데, 헤라클레이토스의 단편에서 가져왔다는 사실은 잘 알려져 있다. 존재의 철

학자 파르메니데스와는 대척적인 자리에 있으며 생성의 철학자로 통하는 헤라클레이토스는 이 책에 마르크스의 향기를 뿌리는 데 일조하고 있다. 사실 따지고 보면 신비평에서 그토록 강조하는 '시적 긴장'의 다른 표현이기도 하지만, 헤라클레이토스의 본뜻과는 무관하게 사람을 죽이는 '무기'와 사람을 살리는 '악기'가 동일 기원에서 파생된 것인지도 모른다는 상상을 하게 만든다. 그러니까 애초에 내가 대학원 공부를 처음 시작하면서 서로 대립한다고 믿었던 '무기와 악기'가 사실은 동일 근원에서 파생된 것임을 그 책은 제목을 통해서 충분히 보여주고 있었던 것이다. 그래서 나중에 내가 '악기'를 통해서 '무기'의 가능성을 충분히 발견할 수 있으리라 확신하게 된 생각도 어쩌면 이 책에서부터, 특히 그 제목에서부터 시작된 것인지 모른다. 더군다나 책을 펼치면 어느 곳에서나 항상 강조되는 '모순 병존의 긴장이 시적 본질'이라는 진술, 이제는 이것을 통해서 이미 박사논문의 아이디어가 마련되었다고도 말할 수 있을 정도로 중요해졌다.

물론 지금은 이보다 더욱 진전된 논의들로 인해서 시에 대해서, 문학에 대해서, 그리고 무엇보다 우리들의 문학에 대해서 말할 수 있는 자산들이 풍부해졌다고 믿고 있지만, 그 결정적인 전환점을 굳이 찾아낸다면 『활과 리라』를 결코 빼놓을 수 없을 것이다. 청소년 시절이 특히 그렇지만 정작 중요한 것이 무엇인지도 모르고 쉽게 지나치는 경우는 나이가 들어서도 반복되는 경향이 있다. 그래서 시간이 지나면서 깨닫게 되는 것이지만, 아무도 주목하지 않는 평범한 논문, 평범한 책이라 할지라도 결코 무시해서는 안 된다는 것이다. 무심히 흘려들었던 그 논문과 그 책에서 내가 무엇을 발견하게 될지는 아무도 모를 것이기 때문이다. 마치 시가 언제 찾아올지 아무도 모르는 것처럼 말이다. 이때 겸손이 모든 연구의 기본에 속한다는 것은 굳이 말하지 않아도 통하는 자세에 속한다.

비평사의 유혹과 글쓰기의 이미지

『한국근대문예비평사연구』에 관한 지극히 개인적인 기억과 감상

김동식
인하대

"처음 이 책이 간행된 것은 1973년 2월이었다." 『한국근대문예비평사연구』의 머리말에 나오는 첫 문장이다. 1973년에 한얼문고에서 간행된 초판을 두고 하는 말이다. 1976년에 개정판이 일지사에서 간행되었고, 현재 서점에 나와 있는 개정신판은 1987년에 모습을 보였다. 1990년까지는 매년 또는 2년마다 쇄를 바꾸어 출간되었고, 2000년대 이후에도 3년마다 쇄를 달리 하고 있다. 초판을 기준으로 삼는다면 내년은 『한국근대문예비평사연구』 출간 40 주년이다. 사람의 나이로 치면 불혹(不惑)을 앞둔 책이지만, 여전히 비평사라고 하면 자연스럽게 『한국근대문예비평사연구』를 지칭하거나 떠올리게 된다. 『한국근대문예비평사연구』는 한국 근대문학 연구의 기념비적인 저작이며, 여전히 현재적 의미를 가지고 있는 '우리시대의 고전'이다.

『한국근대문예비평사연구』를 접한 것은 아마도 한국현대비평사 수업이 있었던 학부 4학년 때였던 것 같다. 그 이전에 김윤식 선생의 강의를 수강하며 『이광수와 그의 시대』 『한국 근대문학사상사』 『한국 근대문학사상연구1』 『염상섭연구』 등을 읽어왔기 때문에, 선생의 문체에는 어느 정도 익숙해져 있다고 생각했다. 하지만 『한국근대문예비평사연구』에서는 무엇보다도 문체의 독특한 질감이 먼저 다가왔다. 단순히 선생의 초창기 문체라고 치부해 버리기에도 곤란한 그 어떤 대목이 있는 것 같았다. 하나의 문장 속에 여러 개의 진술이 동시에 자리잡고 있으며, 문장과 문장 사이에는 뜨거우면서도 차가운 여백이 가로 놓여 있다고 느꼈다. 개인적인 인상에 불과하겠지만, 지금 다시 읽어도 『한국근대문예비평사연구』의 문체는 상형문자를 연상하게 한다. 지금까지 읽었던 책들에서 그와 비슷한 느낌을 가졌던 것은 비트겐슈타인의 『논리철학논고』와 데리다의 『그라마톨로지에 관하여』 정도가 아니었을까. 문장과 문장 사이에 너무나도 많은 생각들이 꿈틀대고 있는 문체. 말할 수 있는 것과 말할 수 없는 것의 경계를 앞에 두고서만 말하여질 수 있는 것들을 보여주는 문체. 다시 책을 살펴보면서, 당시 카프 연구로부터 주어졌던 매혹과 억압 사이에서 가치중립성을 끝까지 추구하고자 했던 영도(零度)의 글쓰기가 아니었을까라는 생각을 막연하게나마 잠시 가져 본다.

내가 가지고 있는 『한국근대문예비평사연구』에는 자를 대고 반듯하게 그어놓은 밑줄

들로 가득하다. 손으로 삐뚤빼뚤 줄을 긋는 것은 불경(不敬)에 해당한다고 느꼈던 것이리라. 또한 비평사라는 학문적 영역에 대한 매혹과 억압을 그런 식으로 표현하지 않고는 견딜 수 없었기도 했을 것이다. 『쉬플레망 상허』 원고 덕분에 책을 다시 찬찬이 읽게 되면서, 개인적으로는 흥미로운 경험을 했다. 나의 비평사 지식이 얼마나 협소한지 깨닫는 데까지는 책을 펼친 후 불과 몇 분(分)이 걸리지 않았다. 그 정도는 이미 알고 있었으니 놀라운 일도 아니었다. 이미 씌어져 있는 무의식을 발견한다고나 할까. 내가 글을 쓰면서 욕망했던 것 또는 사유하고자 했던 것의 이미지들이 그 책 속에 이미 씌어져 있었다. 내가 이런 저런 경험들을 하면서 스스로 형성했다고 생각하고 있던 내용들이 이미 책에 씌어져 있었고, 1980년대 중반의 어느 대학생은 자를 대고 밑줄을 그으며 자신의 무의식을 구성하고 있었던 것이다. 따라서 사유의 이미지를 제공해 준 몇 가지 장면들에 눈길이 머문 것은 지극히 자연스러운 일이었을 터이다.

> 그러나 현재까지 이 무렵의 사회 운동사가 만족할 만큼 구명되어 있지 않으므로 한국의 프로文學을 연구하기 위해서는 이러한 작업까지도 동시에 밝혀 가야 할 처지에 놓이게 됨은 피하기 어려우며, 이것은 강렬한 史的 유혹이라 할 만하다.(12쪽)

'史的 유혹'. 역사를 향한 유혹과 역사로부터의 유혹이라는 중의적 의미를 함축하고 있는 말로 고쳐 읽어도 크게 틀리지는 않을 것 같다. 한국근대문예비평사를 연구하기 위해서는 1917년 러시아 혁명 이후 사상사의 국제적인 동향과 식민지 조선 내부의 사회경제사와 사회운동사가 나란히 놓여야 한다. 문제는 조선의 사회사 영역에 관한 연구가 본격화되지 않았다는 것이다. 이 말은 자신의 연구가 가진 한계를 선제적으로 방어하고자 하는 푸념과는 거리가 멀다. 오히려 아직 씌어지지 않은 담론의 가능성을 본 사람의 목소리에 해당한다. 손에 쥔 자료들이 비평사 연구를 구성하는 동시에 사회사 연구에로 확장될 수도 있다는 것. 비평사와 사회사의 가능성이 잠재적으로 공존하는 담론의 장(場)이야말로 '史的 유혹'에 해당한다는 사실을 담담하게 밝히고 있다. 그렇다면 『한국근대문예비평사연구』는 (그 당시로는) 씌어지지 않은 사회사와의 잠재적 공존 속에서 씌어진 책이라 할 수 있을 것이다. 이 책이 40년 동안 현재성을 지니고 있는 이유의 일단을 여기에서 찾아볼 수 있지 않을까.[1]

> 1920년대 및 1930년대 초기까지에 이르는 兩派 문학의 구조 파악이 비평사의 과제가 되는 것이다. 그런데 문학 및 사상

1 그렇다면 내가 소속된 학문적 세대는 어떠할까. 정도의 차이가 있을 테고 일반화에는 무리가 따를 수 있겠지만, 아마도 문화사에의 유혹 또는 문화사로부터의 유혹에 노출되어 있는/있었던 것은 아닐까. 한국 근대문학 연구를 추동한 두 가지의 '유혹'(사회사와 문화사의 유혹) 사이에 모종의 역사성(자의식)이 자리를 잡고 있지는 않을까.

에서 민족주의의 對他意識이 프로문학에 의해 가능할 수 있었다는 가설을 들 수 있으므로, 프로문학 속에서 민족주의 문학을 다루려는 것이 본고의 태도의 하나이다. 民族主義文學과 프로文學을 함께 비판하면서 등장한 海外文學派를 民族主義文學派에 포함한 혹은 그 연장상에 둔 것도 마찬가지로 프로文學과의 對他意識에서 보았기 때문이다.(13쪽)

대타의식(對他意識). 이 단어의 충격과 울림은 대단한 것이었다. 1980년대 중반 학번들에게는 인식의 확장을 가져온 말이었고, 대학 동기들과의 일상적인 대화에도 불쑥불쑥 등장할 정도였다. 아마 헤겔이나 라캉이나 푸코를 읽고 이해하는 과정에서도 대타의식이라는 말을 둘러싼 의미의 성좌가 지속적으로 개입했을 것으로 보인다. 물론 타자와 자기를 구별하는 의식, 또는 자신이 타자와는 다르다는 것을 아는 의식만으로 현대의 타자성 논의를 포괄할 수는 없다. 하지만 대타의식이라는 단어가 타자성 이해의 토대가 되어준 것만큼은 분명하다. 그렇다면 왜 이 말이 그토록 충격적이었을까. 그 어떤 뒤집힘이 숨어 있기 때문이었다. 민족주의 문학이 기본적인 주도권을 가지고 있었으며, 사회주의 문학은 강렬하지만 부차적인 역할을 담당했다는 것이, 한국 근대문학사에 대해 가지고 있었던 근원적인 이미지였다. 대타의식이라는 말은 그와 같은 인식을 뿌리째 뒤집는 것이었다. 민족문학(20년대의 국민문학)은 카프 문학을 타자로 인식하면서 스스로를 형성해왔다는 것. 달리 말하면 타자로서의 카프를 인식하는 의식이, 민족문학이 형성한 정체성의 원천이라는 것. 민족문학이 외재성에 대한 인식을 통해 자신의 정체성을 구성한다는 것은, 지금으로서는 그리 놀랍지 않을지 몰라도, 그 당시로서는 무척이나 충격적이었다. 얼마든지 선정적인 어투로 말할 수 있는 내용인데도, 이 책은 대타의식이라는 말을 통해서 문학사에 대한 인식론적 전환을 가치중립적으로 표현하고 있을 따름이다. 개인적인 고백이 되겠지만, 비평사라는 학문에 매혹될 수밖에 없었던 원초적인 장면이라 할 것이다.

프로문예는 창작보다 批評이 勝한 입장에 있었고, 그 혁명성의 이데올로기를 근간으로 한 政論性을 띤 것이었다. 이 문제는 매우 중요한 대목이라고 생각된다. 문예비평이 단순한 문학주의가 아니라 사회 비평 혹은 政論性을 띨 수 있었다는 것은 그 사회가 政治的으로 閉鎖되어 있음을 반증하는 것이기 때문이다. 이것은 크로포트킨이 帝政러시아 末期의 批評에서 언급한 바 있는 것이며, 林和도 일찍이 이 점을 지적한 바 있다. 한국의 1920년대 혹은 그 전의 文化活動은 광범한 文學運動이었다. 즉 文學으로 다른 文化活動을 감행한 것이라 할 수 있다.(14-15쪽)

비평의 정론성과 문화활동으로서의 문학운동. 한국에서 비평이란 무엇인가. 『한국근대문예비평사연구』에 의하면, 한국에서 비평은 단순히 문학작품에 대한 감상을 적거나 작품성을 따지는 수준을 넘어선 담론들이다. 비평은, 문학의 범주를 훌쩍 뛰어넘어, 정론성이나 사상성과 내밀하게 연관되었고, 식민지 시대 문화운동의 기능적 등가물이기도 했던 것. 한국에서 근대비평의 성격이 그러하다면, 한국 근대문학의 역사적 성격 또한 그에 준해서 다시 사고될 수 있는 것이 아닐까. 분명한 것은 한국에서 비평이란 문학제도 내부에 있으면서도 그와 동시에 문학제도의 외부를 호명하고 참조하며 스스로를 만들어갔다는 사실이다. 문학 내부에 대한 논의이면서 그와 동시에 사회·역사·철학·문화 등을 향해 열려 있는 비평의 역사. 매혹적이었다. 어디 그뿐이겠는가. 책의 뒷부분에 부록으로 자리잡은 「임화 연구」가 『한국근대문예비평사연구』의 본문들을 응시하고 있지 않겠는가. 전위파 모더니즘에서 사회주의문학으로 전향했고, 두 편의 영화에서 주인공을 맡은 영화배우였고, 카프의 2차 방향전환과 전형기의 비평을 주도한 비평가였고, 문학사의 방법과 이식문학론을 제시한 문학사가였고, 역사의 보편성을 꿈꾸다가 현실의 역사로부터 버림받은 인간. 임화의 삶과 글이 한국근대문예비평의 특수성을 대변하고 있었다. 20대 초반의 나는 이와 같은 장면들에 매혹될 수밖에 없었던 것 같다. 박사논문을 통해서 개화기의 정치적 공론장을 고찰한 이유도 이와 무관하지 않을 것이고, 비평가로 등단하기 전에 선생으로부터 대중문화를 알아야 한다는 가르침을 듣고도 그다지 놀라지 않았던 이유도 여기에 있었을 것이다.

『한국근대문예비평사연구』를 대상으로 어떤 글이라도 씌어져야 한다면, 그것은 새로운 관점으로 한국근대문예비평사를 다시 쓰는 일이어야 한다고 생각한다. 그 점을 감안하지 않더라도 이 글은 개인적인 기억과 감상에 지나지 않는다. 하지만 개인적인 기억과 감상이 허락된 자리라면, 그 끝자락에 『한국근대문예비평사연구』를 읽으면서 가지게 된 글쓰기의 이미지에 대해 잠시 이야기하는 것도 그리 나쁘지는 않을 것 같다. 마르크스의 『헤겔 법철학 비판』과 벤야민의 『아케이드 프로젝트』를 읽으면서 느꼈던 글쓰기의 이미지이기도 한데, 자료(대상)가 스스로의 무의식을 말하게 하는 글쓰기의 이미지가 그것이다. 나는 『한국근대문예비평사연구』의 글쓰기가 많은 부분에서 그와 같은 글쓰기의 이미지에 부합한다고 생각한다. 그리고 아마도 새로 씌어질 한국근대문예비평사 역시 그와 같은 글쓰기의 이미지에 근거해서 생성될 것이라고, 조심스럽게 소망한다.

두 권의 책, 두 개의 명분

『발터 벤야민의 문예이론』, 『신역사주의론』

김건우
대전대

세상에는, 뭔가 변화가 요구될 때 그 변화를 정당화해 줄 수 있는 '명분'이 필요한 그런 류의 인간들이 있다. 나도 딱 그런 인간이다. 공부를 해 나가는 데 있어 중요한 포인트가 되었던 두 시점에, 내게 명분을 제공해 주었던 책 두 권을 얘기하고 싶다.

기억은 사물에 묻어 있는 것인지, 이번 『쉬플레망 상허』의 원고 청탁을 받고 먼지 앉은 책들을 꺼내 만지작거리고 있자니 잊고 있었던 기억들이 줄을 이어 떠오른다. 정확히 20년 전인가보다. 학부 마지막 학기를 남겨둔 그 해 여름, 나는 열심히 철학과 대학원 준비를 하고 있었다. 문학이 좋아 국문과를 오긴 했지만, 금방 시들해지고 말았다. 전공수업은 도무지 귀에 들어오지 않았다. 철학과와 종교학과 과목들을 찾아 다니고 있었다.

우연히 마주친, 국문과를 다니던 고향 선배의 물음에 나는 단호하게 '철학과!'라고 답했던 것 같다. 굶어 죽으려고 그러냐는 선배의 계속된 타박에도 전혀 흔들림이 없었다. 안 되겠던지 그 선배는 국문과 과도서실에서 공부하고 있던 어떤 대학원생 다른 선배 한 사람을 불러내 나를 소개시키고는 가버렸다. 처음 보는 그 선배는 역시 처음 보았을 후배 하나를 위해 두 시간이나 잘라 내어 이야기를 해 주었다. 그 때 「『무정』 연구」로 석사학위를 받은 지 얼마 되지 않았던 서영채 형이었다. (이런 연유로 서영채 선배에게 지금도 어떤 '마음의 빚' 같은 것을 조금 가지고 있다.) 무슨 이야기를 들었는지는 기억나지 않는다. 아무튼 이 일로 인해 진로가 바뀌었다. 국문과 대학원을 가게 된 것이다.

국문과 대학원을 오긴 했지만, 근본적인 문제가 해결되지는 않았다. 시를 말하고 소설을 말하면서 어느 정도까지 관념의 깊이에 도달할 수 있는지에 대해서는 답을 가지고 있지 않았다. 이 때 만나게 된 글이 발터 벤야민의 「보들레르의 몇 가지 모티프에 관해서」이다. (나는 지금도 이 글이 20세기 최고의 비평이라고 생각한다.) 90년대 들어 선배들은 모더니즘에 대해 다시 공부하기 시작했고 내가 이 글을 만나게 된 계기도 이런 분위기와 관련되었을 것이다.

글이 실려있는, 반성완 선생이 편역한 『발터 벤야민의 문예이론』은 민음사에서 1983년에 초판이 나왔다. 한나 아렌트가 벤야민의 글들을 모아 편집한 *Illuminations*를 참조했음이 분명한 이 책은 모더니즘 연구에 중요한 기폭제가 되었을 것인데, 아무튼 나는 이 책

에 실린 벤야민의 글들을 읽고 또 읽었다. 문학을 연구함으로써 도달할 수 있는 깊이에 감탄에 감탄을 더하면서 말이다.

지금도 학생들에게 모더니즘을 강의할 때면, 「보들레르의 몇 가지 모티프에 관해서」에 인용된 보들레르의 시 한 편과 산문 한 편만을 달랑 던져주고 이야기를 시작한다. 물론 벤야민의 시각을 따라서 말이다. 그리고 그럴 때면, 진심으로 행복하다.

석사논문은 장용학으로 썼다. 장용학 소설이 관념 덩어리이기 때문에 한 때 철학도를 꿈꾸었던 나의 흥미를 끌었는지도 모르겠다. 방법론은 알레고리였다. 여기서 문제가 생겼다. 알레고리론이라면 어찌 되었든 벤야민의 『독일 비극의 기원』과 폴 드 만의 「시간의 수사학」(*Blindness & Insight* 2판에 실려 있는)을 보아야 했다. 어렵게 벤야민의 『독일 비극의 기원』 영역본을 구하긴 했는데, 읽어 보니 무슨 말인지 도무지 이해가 안 되었던 것이다. 괴로웠다. 돌파되지 않으면 돌파할 때까지 붙들고 있어야 마땅할 터인데, 지면으로는 밝힐 수 없는 어떤 이유로 나는 무조건 그 학기에 논문을 끝내야 했다. 할 수 없이 폴 드 만에만 의존할 수밖에 없었다. 그 '악명 높은' 해체주의자에게 말이다. 논문의 논지는 의도하지 않았던 방향으로 자꾸만 흘러 갔다. '해체'의 방향으로. 논문에는 장용학도 없고 벤야민은 당연히 없고(논문에서 『독일 비극의 기원』을 이해하고 쓴 듯 서술된 부분은 고백하건대 모두 가짜다) 폴 드 만만 남게 되었다. 너무 속이 상했던지, 한참 시간이 흐른 후 내 나름대로 알레고리론을 간략히 다시 정리해 보긴 했다. 하지만 이미 '떠나버린 버스'였다. 땅을 파고 묻어 버리고 싶던 논문, 쳐다볼 때마다 괴로웠던, 검은 표지에 은색 이름이 박힌 그 논문. 그 때 다짐했다. 다시는 이런 글을 쓰지 않겠다고.

이미 해체주의의 세례는 받을 대로 받았고 뭔가 '개종'의 계기와 명분이 필요했다. '기호의 매트릭스'(내 석사논문을 보고 어떤 연구자가 했다는 표현인데)로부터 나를 구원해 줄 '이론', 내가 필요로 했던 건 방법론으로서의 이론이 아니라 '명분으로서의 이론'이었다. 1995년경으로 기억하는 이 때 만나게 된 책이, 그 전 해에 한신문화사에서 나온 『신역사주의론』이었다. 가끔씩 종로에 나갈 때마다 들렀던, 지금은 물론 없어진 한신문화사 책방의 서가에서 이 책을 처음 발견했던 것으로 기억한다. 표지디자인도 제대로 안 된, 제본 수준의 볼품없는 책이었지만 다음 날 새벽까지도 책을 붙들고 있었다.

이 책은 1989년에 루틀리지에서 출판된 앤솔로지, *The New Historicism*을 참조하여 편역된 것으로 보인다. *The New Historicism*은, 1983년 폴 드 만의 작고와 함께 붕괴되기 시작한 예일학파의 해체주의 이후에 푸코에 주목하면서 발생한 새로운 연구경향들을 모아 놓은 책이다. 그러니, 정말 당시 내게는 '꼭 맞는 이론'이었다.

다들 아는 사실이지만, 신역사주의 자체는 방법론도 무엇도 아니다. 그냥 문제의식일 뿐이라고 생각한다. 텍스트 바깥으로 나가고자 하는 욕망, 텍스트의 감옥을 벗어나고픈 욕망, 비록 그 바깥이 또 다른 큰 감옥이라는 사실을 깨닫게 되더라도 말이다.

어쨌든 내게 이 책은 텍스트 바깥의 자료를 찾아 볼 명분을 만들어 주었다. 동시에 문학주의로부터도 탈출했다. 신역사주의 자체는 중요하지 않았다. 자료를 찾아 나설 명분을 준 것만으로 충분했다. 헌책방을 돌아다니며 『사상계』를 사 모으기 시작한 게 이 즈음부터였을 것이다.

뭘 해놓은 게 있다고, 이런 글을 쓰고 있는 자신이 우습기도 하다. 그러고보니 아직 약속한 원고분량도 채우지 못하고 있다. 하지만 이제 마쳐야겠다. 공부를 업으로 삼기로 막 결심한 학문의 후배들에게, 그리고 친구들에게, 기억이 더 휘발되기 전에 술 한 잔 앞에 놓고 짤막한 옛 이야기 하나 들려준 셈이라고 자위해 두기로 한다.

천것의 정치학, 세상을 어떻게 바꿀 것인가

『임꺽정』

공임순
서강대

얼마 전 〈광해 왕이 된 남자〉를 보았다. TV에서 때아니게 불고 있는 온갖 퓨전 사극의 바람에도 불구하고 영화에서 사극을 챙겨본 지는 꽤 오래간만인지라 적잖게 기대를 가졌던 것이 사실이다. '광해'라는 이름이 주는 그 특유의 이중적 이미지는 '광해'라는 인물에 대한 정반대의 해석을 내놓기에 충분했다. 물론 광해는 여전히 정통역사학의 관점에서 폭군에 가깝지만, 그럼에도 '광해'가 보여주었던 자주(실리)외교의 측면과 그가 임진왜란 당시 제일 먼저 줄행랑을 친 선조를 대신해서 정사를 돌본 사실들은 '광해'라는 인물에 대한 또 다른 접근을 가능하게 한다. 하지만 무엇보다 이 영화가 주는 매력은 낯익지만 언제나 낯선 천것의 정치학에 있는 듯하다.

이 글을 청탁받으면서 내가 무엇에 매료되어 역사소설과 역사담론을 옮겨가며 아직도 이 지점을 맴돌고 있는가를 자문해 보았다. 그것은 홍명희의 『임꺽정』이 주었던 충격파와도 무관하지 않았던 듯싶다. 홍명희의 『임꺽정』은 사실 엄밀한 의미에서 〈광해 왕이 된 남자〉가 보여주는 것과 같은 천것의 정치학을 노골적으로 드러내는 작품이라고 말하기는 힘들 것이다. 그럼에도 홍명희의 『임꺽정』은 당대로서는 드물게 임꺽정이라고 하는 백정 출신의 인물을 내세워 조선조의 봉기/변혁의 가능성을 타진해 보았던 작품이라는 점에서 내게는 중요한 문학사적 의미를 갖고 있는 작품으로 여겨졌다. 더구나 당시 이광수와 김동인이 양분하고 있던 정/사에 기반한 오랜 역사관에서 벗어나 하층민의 생활과 풍속을 폭넓게 담아내려 노력했다는 점에서도, 홍명희의 작가적 역량이 갖는 그 깊이는 실로 대단하다고 느꼈던 것이다.

여기서 이야기하는 정/사에 기반한 역사관이란, 왕조 계승과 관련된 정통성과 합법성의 측면을 말한다. 가령 은공 재임 첫 해의 일을 다룬 『춘추』의 첫 문장은 '원년(元年) 봄(春) 정월(正月)'에 은공이 재임했다는 짧은 연대기적 서술을 취하고 있다. 이 짧은 『춘추』의 연대기적 서술을 훈련받지 않은 시선으로 바라보면, 은공이 첫 해 봄 첫 달에 재위했다는 단순한 사실 이상으로 읽히지 않는다. 하지만 원년이란 통치자의 첫 번째 해를 가리키고, 봄은 첫 번째 계절, 정월은 왕의 첫 번째 달을 의미한다는 점에서, 이 『춘추』의 짧은 연대기적 서술은 은공이 지닌 정통성과 합법성을 공고히 하는 것이라 할 수 있다. 그래서 역

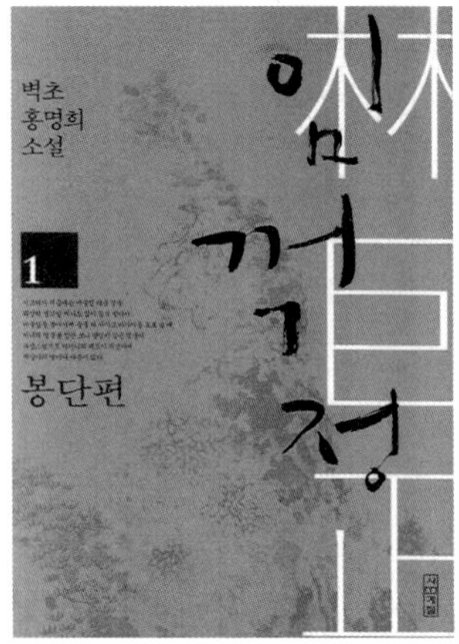

사/서술이라는, 즉 hi/story에서 이 서술적 측면, 즉 담론의 측면을 중시하는 관점들이 소위 신역사주의로 대변되는 포스트-역사주의로 드러났던 것이고, 이러한 포스트-역사주의를 보다 적극적인 관점에서 받아들여 홍명희의 『임꺽정』을 재조명하는 일은 과거와 현재가 교차하는 가운데, 새로운 가능성과 한계를 타진하는 일이기도 했던 것이다.

2000년에 책세상에서 낸 『우리 역사소설은 이론과 논쟁이 필요하다』는 이러한 역사의 담론적 측면에 공을 들여 논한 저작이다. 이것이 얼마나 효과적으로 전달되었는지는 알 수 없지만, 여기서 사실-효과(reality-effect)라는 것을 강조함으로써 모든 것이 얼마나 사실에 부합하느냐의 여부가 아니라 이 사실-효과로서 존재하게 되는 제 이의 사실성 혹은 자연성을 탐구하는 것에 주력할 필요가 있음을 강조했다. 이제 사실-효과는 하나의 클리셰로 전락하고 만 느낌이 없지 않지만, 이 당시 사실-효과의 측면에서 과거 역사뿐만 아니라 이 과거 역사를 전유해 현재의 관점과 견해가 역사서술에 어쩔 수 없이 투영될 수밖에 없다는 이른바 입장성(positionality)을 말하는 것은, 지금까지 '시대착오'라고 하는 단일잣대로 논의되던 역사소설(서술)의 '탈'정치성을 '재'정치화하는 작업에 다름없었다.

이 일련의 과정 속에서, 우파 민족주의의 계보학이라고 부를 만한 것이 논의될 수 있다. 홍명희 역시 『임꺽정』에 대한 작가적 소감을 밝힌 글에서 조선적인 것의 의미에 방점을 두고 있기 때문이다. 그는 "임꺽정만은 사건이나 인물이나 묘사로나 정조로나 모두 남에게서는 옷 한 벌 빌어입지 않고 순 조선 것으로 만들려고 했다"는 말을 1933년 9월 「『임꺽정전』을 쓰면서」에서 밝힌 바 있는데, 여기서 그가 말한 '순' 조선적이라는 것은 지나적인 것과 구미문학으로부터 거리를 둠으로써 가능한 대타항이었다. 지나적인 것을 부정함으로써 조선적인 것을 규정하려 하는 시도는 오리엔탈리즘의 내면화이자 동시에 내부의 식민지성을 강화하는 장치가 될 수 있음은 이제 많은 연구들을 통해서 논의된 바이지만, 이러한 '순' 조선적인 것이 『임꺽정』이라는 소설에 어떤 식으로 구현되고 형상화되었는지를 살피는 일은 당시의 '고전부흥론'과 관련해서 좀 더 면밀하게 탐구되었어야 할 부분이라고 생각한다. 하지만 나는 이 지점까지 내 논의를 육박해 들어가지 못했고, 그 뒤로 역사소설을 벗어나 딴 길을 헤매느라 여전히 이 작업은 수행하지 못한 채 남아 있지만, 그럼에도 '순' 조선적인 것, 혹은 그의 말을 빌리면 조선정조라는 말이 갖는 이 복합적 착종성은 여타의 다른 작품들과의 관련 속에서 필히 탐구해볼 필요가 있다고 본다.

홍명희의 『임꺽정』은 『조선일보』에서 중단을 거듭하며 연재되다가 1940년 10월 『조광』의 「林巨正」을 마지막으로 미완의 소설로 남겨지고 말았다. 『조광』은 "작자의 사정으로 인해서 오랫동안 소식을 끊고 있던 대 장편역사소설 「林巨正」을 조선일보의 뒤를 이어 다시 연재케 되었음은 독자와 아울러 영광으로 생각"한다고 하며, 『임꺽정』의 완고에 대한 의지를 강력하게 시사하였다. 하지만 『조광』의 이 선전과는 반대로 『임꺽정』은 『조광』 1회 분을 끝으로 더 이상 실리지 않았다. 그

朝鮮서처음인

新講談

碧初洪命憙氏作

林巨正傳

安夕影畵

1928년 9월 22일자 광고

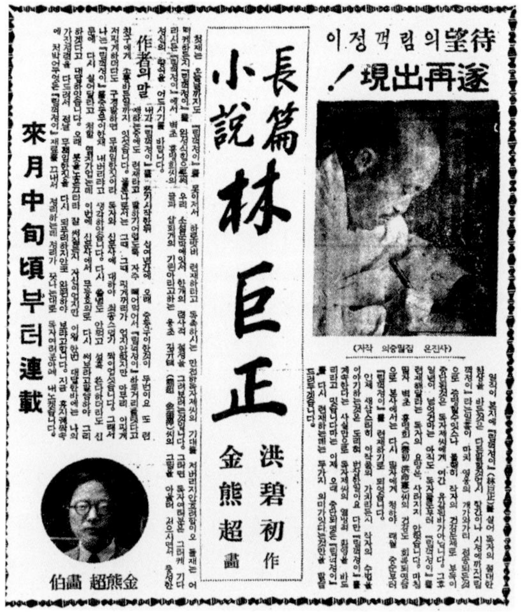
待望의 림꺽정이

遂再出現!

長篇小說

林巨正

洪碧初作

金熊超畵

來月中旬頃부터連載

金熊超畵伯

1937년 11월 25일자 광고

이유가 어디에 있는지를 추적하는 일도 흥미로운 부분이다. 왜냐하면 이 시기가 제국 일본에 의한 식민지 조선의 전시체제가 가속화되던 시기라는 점을 떠올리면 더욱 그러하기 때문이다. 이런 점에서 『임꺽정』이 그려내는 도적들의 이야기가 이 전시체제 속에서 과연 얼마나 수용되고 인정될 수 있을지가 또한 문제적이지 않을 수 없었다. 『임꺽정』은 『조광』에서는 '장편소설'로 소개되었는데, 『임꺽정』에 대한 타이틀은 신문연재물이라는 특성을 고려한다고 해도, 동일하지 않았다. 이 부분은 한국의 장르적 분화와 특성이 사회역사적 맥락에 따라 변화하는 가변적인 것임을 새삼 상기시키는 것이기도 하다.

위의 두 신문기사에서 드러나듯이, 『임꺽정』은 처음에는 신강담으로 소개되었다가 다시 『임꺽정』을 재개하는 1937년의 신문기사 광고에서는 장편소설로 그 명칭을 달리한다. 이것을 보게 되면, 신강담과 역사소설이 자신의 장르적 속성을 강화하며 분화되는 시점이 1930년대 중반기에 이르러서야 공유되었음을 알려준다. 신강담은 일본의 신강담에서 유래된 표현인데, 일본의 신강담은 요세(대중연예장)에서 행해지던 구연강담이 신문잡지의 읽을거리로 정착 · 편성되는 가운데 문자성(리터러시)을 전제한 새로운 강담의 형태였다. 이 신강담이 조선에도 유입되어 김진구의 야담'운동'이나 신문잡지의 신강담 열풍에 한 몫을 했던 것이다. 1928년은 이 야담 혹은 신강담의 열풍이 불던 시기라는 점을 감안하고 보면, 홍명희의 『임꺽정』은 이 신강담의 의사전(義士傳)에 가까운 형태를 띠고 있었음을 짐작할 수 있다. 이러한 면모가 반영되어 1928년의 신문타이틀은 신강담 「林巨正傳」이었다가 다시 1937년에 『임꺽정』이 재개되던 시점에는 장편소설 『林巨正』으로, 1940년의 『조광』에서는 장편소설 『林巨正傳』이라는 이름으로 각기 그 타이틀과 작품명을 달리해가며 거의 10여 년에 걸쳐 연재된 셈이다.

신강담과 장편소설이라는 타이틀을 오가며 전시체제의 끝자락에서 결국 미완의 작품으로 남고 만 홍명희의 『임꺽정』은 그래서 그 미완의 형태만큼이나 현재적 쟁점들을 제공하고 있다. 홍명희의 『임꺽정』을 거쳐 식민지기의 야담사를 곧 책으로 발간할 예정인 나로서는 이러한 『임꺽정』의 변화 양상과 중단이 갖는 사회역사적 의미가 여전히 흥미로운 연구대상이다. 어떤 점에서 홍명희의 『임꺽정』은 지나적인 것을 탈피한 '순' 조선적인 것을 천명했지만, 도적들의 본격 이야기라 할 수

있는 의형제편과 화적편은 중국의 『수호전』과 흡사한 일면이 많기 때문이다.

김성탄의 『수호전』은 군주의 힘이 미치는 권역의 모든 백성들은 군주의 백성이라고 하는 군주에 대한 절대 충성과 복종의 논리에 반박하고, 이들이 지닌 뛰어난 재능과 역량을 발휘할 수 없게 하는 당대의 현실에 반기를 들었던 작품이기도 하다. 말하자면 군주의 백성으로 살 수 없게 하는 지배계급의 부패와 악정을 비판했던 작품인 것이다. 물론 『수호전』은 그럼에도 이 왕조의 그릇된, 즉 윤의 정치가 올바른, 즉 정의 정치로 바뀐다면 이 도적들도 선량한 백성이 될 것이라는 전통적인 왕조적 관점을 벗어나지 않지만, 『수호전』에서 묘사된 이 도적의 사회정치사, 흔히 의적이라고 불리는 특정한 사회정치사는 농민들의 반란사와도 상통하는 것일 수밖에 없다. 이 농민들의 반란사를 서사화한 작품들은 남북에서 공히 다양하게 생산되었는데, 대표적인 것만 꼽아도 『갑오농민전쟁』에서부터 『장길산』, 『객주』 등을 떠올릴 수 있다. 이 체제 반란적인 도적들의 이야기, 즉 의적들의 역사적 서사화와 형상화를 다뤄보는 것도 차후의 과제로서 남겨둘 수 있을 것이다.

민족과 민중은 한반도의 사회역사적 맥락과 결부되어 유토피아적 감각을 배태하는 경우가 많았다. 해방 이후 한반도의 통일되지 못한 지역정체와 분단현실은 한국의 사회정치사를 실패와 좌절의 역사로 인식케 했기 때문이다. 이러한 현실 내지 역사 감각이 민족과 민중을 미래의 관점을 담지한 유토피아적 주체로 호출하는 일은 비단 사회주의자들에 의해서뿐만 아니라 민족주의자들에 의해서도 자주 이루어졌다. 홍명희의 『임꺽정』은 이 천민, 천것의 정치학을 과거를 희생하면서까지 현재적인 기획으로 구성하지 않았지만, 그가 그려낸 이 천민, 천것의 사회정치사는 사회주의의 신문예운동을 포함하며 바흐친이 말한 민족(민중)어의 끊임없는 변화와 갱신의 투쟁과 갈등의 흔적을 담아내고 있다. 이 지점에 역사소설의 현재적 가능성이 존재하며, 후학들 역시 이 역사소설을 둘러싸고 전개된 한국의 사회역사상에 보다 많은 관심과 논의를 해주기를 바랄 뿐이다.

우리는 근본적radical이어야 한다

자유주의와 미국 헤게모니의 종말에 관한 예언자적 목소리, 월러스틴의 『자유주의 이후』

장세진
인하대

다시 책을 손에 들고 보니, 이 책의 서술 방식과 내용이 의외로 까다롭다는 느낌에 새삼 놀라게 된다. 자타가 공인하는 월러스틴의 대표작 『근대세계체제』 시리즈에 비교하자면, 『자유주의 이후*After liberalism*』는 가히 '소프트'하다고 말할 수 있을 만큼 분석 대상이 대폭 축소된 책임에는 틀림없다. 장기 16세기(1450~1650)부터 시작된 자본주의 태동기부터 20세기까지 최소한 400여 년을 시야에 넣고 있는 전작에 비하면, 이 책은 프랑스혁명에서 동구권 붕괴 사이의 딱 200년(!)을, 좀 더 좁힌다면 1945년에서 1990년의 45년을 집중 분석한 일종의 다이제스트 판이기 때문이다. 그러나 간략본이어서 더 그렇게 느껴지는 것일까. 자본주의 경제의 주기적인 호황과 불황 국면에 관한 사회과학적 개념과 용어들을 설명하는 이 책의 방식은 결코 친절하다고는 말하기 어려워 보인다. 뿐만이 아니다. 섬세한 사실 논증이 필요한 대목임에도, 대신 저자의 신념을 '당당히' 이야기하는 대목들은 예전보다 더 자주, 더 돌출된 느낌으로 눈에 띄는 것만 같다. 요컨대, 이번 기회에 다시 펼쳐 본 『자유주의 이후』는 박사논문(「상상된 아메리카와 1950년대 한국문학의 자기 표상」, 2008)을 준비할 무렵과는 현저히 다른 느낌으로 다가온 것이 사실이다. 무엇이든 필사적으로 논문과 연관시킬 태세가 되어있는 자의, 과도하게 열려진 촉수 때문이었을까. 이 책에 고스란히 빚졌다고 생각해 온 자극과 영감들은, 어쩌면 그때가 아니었다면 느끼지 못했을 수도 있었겠구나. 나는 잠시 '배은망덕'한 기분이 되어 생각한다. 그러나 일찍이 벤야민 역시 아우라(aura)라는 개념을 통해 이야기하지 않았던가. 우리가 어떤 사물과 조우할 때, 우리를 둘러싼 가지가지 정황들은 사물 자체의 속성만큼이나 사물과 우리의 관계를 결정짓는 데 핵심적인 요소임에 틀림없다고. 결국 논문을 준비할 당시 "자유주의 이후"가 내게 선사한 지적 자극들을 지금 여기서 100% 재생하기란 어려운 일이다. 아무래도, 이 글은 이 책을 읽고 얻어 가졌던 용기(이 시기는 역시 중요해) 내지 희망(나의 논문 주제가 전혀 엉뚱한 건 아니야)을 뒤늦게 한 번 더 꺼내보는 정도가 될 듯하다.

자유주의와 미국 헤게모니 혹은 1945년 이후

『자유주의 이후』는 무엇보다 1945년 이후 시기의 현재적 중요성을 역설하고 있는 책이다. 물론 월러스틴이 말하는 현재란 "1945년에 시작되어, 1990년에 끝난 시기"를 말하는 것으로, 물리적 시간의 관점에서 말하자면 근(近) 과거에 해당되는 시기다. 월러스틴은 이 시기의 핵심적인 특징을 흔히 말하는 미 · 소 양극이 아닌, 미국 중심의 단극 세계체제로 보는 것으로 유명하다. 프랑스 혁명 이래 발생한 자유주의 이데올로기가 점차 만개한 절정을 이루어 미국 헤게모니 아래 이 시기 드디어 전 지구를 장악하게 되었다는 것이 월러스틴의 일관된 주장이다. 그러니까 책이 내세우는 제목과는 달리, 저자는 '자유주의 이후' 시기가 아닌 자유주의 최절정기를 주요 분석 대상으로 설정하고 있는 셈이다. (자유주의 이후에 정확히 무엇이 올지는 월러스틴도 단언하지 못한다. 그것이 '신자유주의'가 되어서는 안된다는 것 정도는 확실하지만) 1995년에 나온 이 책이 동구권 몰락을 끝으로 이제 막 지나쳐 온 시기에 대해 지나치게 결과론적인 해석을 내리고 있다는 느낌도 사실 없지는 않았지만, 어쨌든 당시의 나는 1945년 이후 시기와 미국 헤게모니에 대한 유례없는 강조만으로도 이 책을 박사논문 참고문헌 리스트의 영순위에 주저없이 올렸던 것 같다.

1945년 이후라는 시기 문제에 민감했던 것은 한국문학 연구의 일반적인 경향성이라 느꼈던 대목과도 관련이 없지 않다. 물론 최근 2~3년 사이의 추이를 보면, 박사 논문까지를 포함해 연구자들의 연구 대상 시기가 어느새 '해방' 이후로 성큼 내려오고 있다는 느낌도 가질 법하다. 그러나 내가 '논문모드'로 들어간 2003~4년 무렵만 해도, 한국 근대문학 연구의 본격적인 주류는 단연 식민지 시기였다고 해도 지나친 말은 아니었다. 고모리 요이치(小森陽一)의 『포스트콜로니얼』이 한국에 번역된 것은 물론 2002년의 일이었지만, 당시는 문자 그대로 식민지 이후 시기에 관심이 있었다기보다는 우리 안에 내재한 '식민성'을 새롭게 조명하는 것이 연구자들에게 보다 더 시급한 과제로 다가왔다. 다들 잘 기억하겠지만, 이러한 종류의 테마들은 식민지 시기 연구의 새로운 '블루오션'으로 막 부상하고 난 터였다. 예컨대, 1930년대 후반 이후부터 1940년대 초반을 향한 연구자들의 집중된 관심은 이 시기를 '육화(incarnation)된 식민성'의 관점에서 조명하는, 논쟁적이면서도 다양한 학문적 성과들을 낳았다.

그래서였을까. 단순히 소재적 차원의 확장에서 해방 이후 시기를 연구 대상으로 선택할 것이 아니라, 이 시기의 중요성을 어떻게든 현재 진행되고 있는 학문적인 담론과 접속하는 가운데 증명해야 한다는, 일종의 강박을 마음 한편에서 늘 가지고 있었던 듯하다. 『포스트콜로니얼』이 보여준 식민성의 내재성, 연속성이라는 문제의식을 실제 우리의 '탈식민' 시기를 통해 이야기하자는, 논문에 대한 최초의 밑그림도 따지고 보면 『자유주의 이후』를 읽으면서 어렴풋이 그려나간 것이었다.

월러스틴에 따르면, 이데올로기로서의 자유주의[1]의 연속성은 18세기 이래 그야말로 유구한 역사의 흐름을 가진 것이었다. 무엇보다, 자유주의는 1945년 이후 미국 헤게모니 아래 최고조에 이르며, 우리의 '현재'와 '현재성'을 여전히 지배하는 것이라고 하지 않는가.

국민국가, 경제 발전, 문화

월러스틴이 파악한 이데올로기로서의 자유주의의 특징은 결국 '국민국가' 단위의 '경제 발전'이라는 프로그램으로 요약된다. 많은 논자들에게 지금도 비판받는 대목이기는 하지만, 그가 20세기 사회주의를 보수주의와 함께 넓은 의미의 자유주의라는 상위 범주 안에 포함시킨 것도 바로 이러한 연유에서였다. 월러스틴은 자유주의가 늘 신봉해왔고, 더욱이 1945년 이후 미국 헤게모니 아래 사회주의권은 물론 이른바 제3세계를 향해 일제히 퍼져 나갔던, 전지구적 자유주의의 '신념 패키지'를 다음과 같이 정의한다.

> 발전의 지리문화는 세 가지 신념으로 구성되어 있다. (가) 현재 또는 미래에 국제연합의 구성원인 국가들은 정치적으로 주권을 가지며, 적어도 잠재적으로는 경제적 자율성을 가진다. (나) 이 국가들은 각각 민족 '문화'를 가지고 있고, 이 문화는 실제로 유일한 문화이거나 또는 기본적이고 원형적으로 유일한 문화이다. (다)이들 국가들은 각각의 시간에 따라 독립적으로 '발전'할 것이다.[2]

자유주의가 제공하는 일련의 프로그램을 설명한 것이지만, 사실 월러스틴의 이 문장 속에는 1950년대 남한의 공론장을 달구었던 핵심 키워드들-국민국가, 경제 발전, 문화 건설-이 모두 들어가 있다. 물론 국민국가 단위의 경제 발전과 문화 사이에는 어떤 식으로든 매개나 설명의 고리들이 필요하다. 저자에 따르면, 문화는 전통적으로 근대적 발전의 '장애물'이라는 전통적 맥락에서 논의되어 온 것이 사실이다. 실제로 우리의 1950년대에는 기술적 근대 문명에 대한 대립물로서 문화를 떠올리는 일군의 사람들과 근대화를 위해 적합한 새로운 문화를 창조해야 한다는 사람들 사이에서 몇 차례 논쟁이 벌어진 일이 있다. 문학사의 용어로 말하자면, 이른바 전통논쟁이 여기에 해당된다. 그러나 두 그룹의 논자들이 기술적 근대

---

1 『자유주의 이후』에 의하면, 이데올로기는 세계관과는 다른 무엇이다. 이데올로기는 "그 자체가 세계관이라기보다는 우리가 근대성이라고 부르는 새로운 세계관의 도래에 대한 다양한 대응"들 가운데 하나라는 것이다. 결국 이 책은 인민주권이라는 개념적 지평을 연 프랑스혁명에 대한 대응으로 대두한 세 가지 서로 다른 이데올로기-보수주의, 자유주의, 사회주의-가 결국 대문자 자유주의Liberalism로 서서히 수렴 · 통일되어 가는 과정에 관한, 월러스틴 특유의 대담한 직관과 통찰의 산물이다.

2 월러스틴, 강문구 옮김, 『자유주의 이후』, 당대, 1996, 234쪽.

에 대해 비교적 뚜렷한 견해 차이를 보이며 문화에 대해서도 상반된 견해를 가졌다 할지라도, 국가와 친화적이었다는 점에서 이 두 그룹은 서로 다르지 않고 오히려 닮아 있었다.

월러스틴 식으로 말하자면, 이 대목은 1950년대 한국의 지성계에서 '보수주의'와 '자유주의'(이런 명칭이 허용된다면)가 서로 만나는 부분이기도 했다. 전자의 경우, 이론적으로만 보자면 국가보다는 전근대적인 공동체를 훨씬 더 강조한 이들이었지만, 그러나 자세히 보면 오히려 반대라고 하는 편이 정확했다. 예컨대, 1950년대의 문협정통파는 사라져버린 심미적 공동체에 대해 즐겨 이야기했지만, 텍스트의 심층에는 '국시(國是)'라고 해도 좋을 반공 이념이 깔려 있었다. 게다가 현실 속에서 그들은 한국전쟁을 거치며 국가가 후원하는 문화 단체와 권력 기관의 명실상부한 수장으로 자리잡은 이들이기도 했다. 그렇다면 후자의 '자유주의자'들은 어떨까. 기본적으로 그들은 인습에 반하는 저항적인 근대적 개인을 칭송했지만, 그들 또한 국가야말로 근대화를 주도할 수 있는 최상의 주체라고 굳게 믿은 이들이었다. (잘 알려졌다시피, 1950년대 북한 역시도 경제 발전의 드라이브를 장악하는 주체로 강력한 국가를 상정했다) 논문에 쫓기는 다급한 자의 아전인수격이었을까. 월러스틴이 이야기하는 국민국가, 경제 발전, 문화 건설이라는 자유주의의 프로그램은 당시 자료들을 통해 재구성된 식민 이후 한국 사회의 구체적인 상들과 신기할 정도로 오버랩될 수 있었다.[3]

어떤 "자유주의 이후"를 맞을 것인가

그러나 2012년에 다시 읽은 "자유주의 이후"는 연구라는 아카데미의 맥락보다는 훨씬 더 현실정치적인 맥락에서 읽혀졌다. 논문의 부담이 덜어져서일까. 혹은 2008년 이후 미국 발 금융 대란 이후 휘청거리는 미국 헤게모니가 월러스틴의 예언대로 손에 잡힐 듯 보이게 되어서일까. 박사 후 국외연수의 기회를 얻어 2009년부터 2010년, 미국에 머무르게 되었을 때도 적잖이 놀랐던 것이 사실이다. 그 곳은 물론 여전히 아메리칸 드림을 가지고 떠나온 세계의 다양한 인종들로 떠들썩한 곳이기는 했지만, 주 정부의 재정 악화로 고속도로의 가로등을 꺼놓은 문자 그대로 '어두운' 곳이기도 했다. 도시 주변에는 서브 프라임 모기지 사태로 인한 빈 집들이 유령처럼 속출하는, 예기치 않은 광경들이 펼쳐진 공간이기도 했다. 나이 어린 한국 유학생들이 처음 미국에 유학 와서는 오히려 실망한다는 소문도 더 이상 진기한 것이 아니었다. 적어도 그 곳은 내가 논문 속에서 분석한 1950년대 소설의 남녀 주인공들이 기를 쓰며 가고자 했던 그 "아메리카"가 아니라는 것만큼은 분명해 보였다.

3 한국 사회의 구체적인 그림을 그릴 때는 당시 막 출간되었던 선행 연구들의 성과에 힘입은 바도 컸다. 예를 들어 김건우, 『사상계와 1950년대 문학』은 문협정통파와 『사상계』로 대표되는 근대화론자들 사이의 담론 상 갈등과 타협의 양상을 자세히 보여준 바 있다.

월러스틴은 진작부터 자본주의의 지속 불가능성을 역설한 장본인이기도 하다. 자유주의 신념 패키지의 핵심을 이루는 '발전'은 몇몇 국가들에게는 현실이 되었지만(한국의 경우처럼), 모든 국가가 발전한다는 것은 그에 의하면, 전혀 불가능한 환상이다. "세계 경제 일부'의 발전은 사실상 세계 경제 내 다른 부분의 쇠퇴, 또는 탈발전(de-development), 혹은 저발전"의 다른 면이기 때문이다. 자본 축적은 본질적으로 양극화 속에서 태어나기 때문에, 자유주의의 약속은 결코 완전히 이행되기 어렵다는 것이다. 실제로 미국 금융 자본의 상징인 월가에서 "자본주의는 한계에 부딪쳤다"는 절박한 목소리들, 99%든 90%든 자유주의의 유예된 발전 약속에 좌절한 이들의 육성이 오래도록 울려퍼진 것을 우리는 기억한다. 반세기 전 월러스틴의 '예언'은 이렇게 실현되고 만 것일까.

지난 9월 중순, 2012 피스 바(Peace Bar) 페스티벌의 국제학술회의 참석 차 내한한 82세의 월러스틴을 신문 보도로 봤을 때,[4] 그는 여전히 원기왕성해보였다. 돌이켜보면, 그는 언제나 그랬던 것 같기는 하다. "자유주의 이후" 도래할 세상이 어떤 모습인지 비관도 낙관도 하지 않는 그는 뜻밖에도 문제의 근원으로 파고 들어가는 "인간의 상상력"을 대안으로 제시하는 사람이기도 하다. (구체적인 현실 속 처방을 기대한 이들에게는 물론 모호할 수밖에 없겠지만) 지난 해 발간된 그의 근대세계체제 제4권('중앙집중 자유주의의 승리 1789~1914)은 물론 아주 새로운 내용은 아닌 듯하지만, 그는 앞으로도 20세기 자본주의를 다룬 너댓 권의 책을 더 쓰겠다는 야심을 한국의 독자들에게 펼쳐 보였다. 우리 시대의, 녹슬지 않는 이 열혈 현역에게 마음의 박수를 보내고 싶다.

4 오미환, 「자본주의 한계점…이후는 예측 불가…더 나은 세계 향한 결단과 실천 중요」, 『한국일보』, 2012.9.19.

신선한, 혹은 착잡한 내 공부 길의 원점原點

황종연의 「문학이라는 역어」를 다시 읽으며

구인모
연세대

내가 한국 근대문학 연구에 입문했던 것은 벌써 십수 년 전인 1990년대 후반이다. 그 무렵 한국 근대문학 연구는 이른바 '근대성 담론'을 중심으로 이전의 연구 경향과 분명한 차이를 매우 적극적으로 드러내는 학문적 지향에 의해 추동되고 있었다. 다른 데도 아닌 민족문학작가회의가 가라타니 코진(柄谷行人)을 초청해서 강연회를 열었던 것도(1997), 상허학회가 "1930년대 후반문학의 근대성과 자기 성찰"과 같은 기획을 통해 한국 근대문학 연구로 지평을 확장했던 것도(1998) 바로 그 무렵이었다. 거칠게 말해서 견고한 문화적 민족주의나 단선적인 역사관 등에 기반한 이른바 '이념형 연구'에 대한 비판과 반성을 통해, 근대성연구가 바야흐로 한국문학 연구의 주류 담론으로서 위상을 차지하기 시작했던 것이 바로 그 무렵이었던 것이다. 원래 시에 대한 비평적 관심의 연장에서 공부 길에 들어섰지만, 나는 시를 둘러싼 이론과 역사를 넘나들며 원론적인 공부를 하고 싶은 생각을 품고 있었다. 그래서 그 무렵의 담론 속에서 자연스럽게, 하지만 제법 진지하게 공부 길을 가늠하게 되었다. 그때 발표되었던 것이 바로 황종연의 논문 「문학이라는 역어」(1997)였다.

돌이켜 보건대 황종연의 논문은 스스로 거론한 바와 같이, "한국 근대문학사의 고고학적 수정"을 제안하는 매니페스토였다고 해도 과언이 아니라고 본다. 주지하는 바와 같이 이 논문은 이광수에게 아니 근대기 한국에서 '문학'이 신문물의 일종으로서 '리터래쳐'와 '분가쿠'의 번역어이자, 그 타자와의 조우(遭遇)를 통한 언어횡단적실천(translingual practice)의 소산이라는 것, 그리고 그 '문학'은 자국의 면면한 전통 속에서 자발적으로 등장한 것이 결코 아니라 식민지 경험 혹은 식민주의의 산물이라는, 매우 도발적인 아이디어를 근간으로 하고 있다. 당시 대학원에서 부형 세대 연구자들의 눈치를 보며, 한국 근대시의 명작들은 어째서 그토록 문학사에서 고전적 위의를 지닐 수밖에 없는가라는, 일종의 환원론적 발화를 세련되게 하는 방법만 수련하는 데에 막연한 불만을 품고 있었던 나로서는, 처음부터 그 도발적인 아이디어에 매혹되었다. 그리고 이내 이광수로부터 루쉰(魯迅)과 쓰보우치 쇼요(坪内逍遙), 이소다 코이치(磯田光一)와 야나기타 이즈미(柳田泉)로부터 리디아 리우(Lydia H. Liu), 그리고 레이먼드 윌리엄스로부터 테리 이글턴과 에티엔 발리바르 등의 사이를 오가는 지적 파노라마에 매료되었다.

그리고 얼마 지나지 않아서는 이 논문이 제한된 분량에도 불구하고 그토록 복잡다단한 수속을 거치며 역설하는 바에 주목하게 되었다. 이를테면 '문학'의 등장은 문학에 대해 사고하고 언술하는 방식의 창안을 의미한다는 것, 또한 '문학'의 등장은 그 개념을 정당화하는 지식체계와 그것을 뒷받침하는 제도의 수립을 요청한다는 것, 그리고 '문학'의 심미화와 민족주의적 사용 방식의 등장은 국민적 부르주아적 주체를 산출하는 테크놀로지를 가능하게 했다는 주장 등이다. 그 하나하나는 나로서는 매우 설득력 있었다. 그리고 보다 폭넓은 사례들을 통해 거듭 증명할 필요가 있는 과제들이라고 여기게 되었다. 그러한 주장들은 적어도 근대기 한국의 '시'에 대해 반성적으로 사유하고 논변할 가능성을 제시하는 것처럼 보였기 때문이다. 그래서 나는 자연스럽게 그 주장들에 비추어 '시'를 생각하기에 이르렀고, '김억'과 신문학 초기 시론들을 공부의 방법 혹은 원점(原點)으로 삼았다.

당시 내 소박한 생각으로도, 이를테면 '개화가사로부터 신체시를 거쳐 자유시로'라는 발전의 서사는 미심쩍기 그지없었다. 즉 신체시나 자유시가 본래 외래의 장르임을 거론하면서도 한사코 그 발전의 서사의 맥락 속으로 환원시키고자 하는 선배 세대 연구자들의 모순된 태도는 납득하기 어려웠다. 그 대신 한시도, 시조 · 가사도, 더구나 노래도 아닌 '시'는 당연히 '포에트리'의 번역어일 수밖에 없고, 그것 또한 '문학'과 마찬가지로 언어횡단적 실천의 소산으로 볼 수밖에 없으며, 그 등장을 추동한 것 또한 당연히 식민지 경험일 수밖에 없다고 여기게 되었다. 황석우와 김억 등의 자유시론, 상징주의론 그리고 번역시집 『오뇌의 무도』는 그 생각에 힘을 실어 주었다. 그리하여 근대시에서 미학이데올로기의 전말을 추적하는 일로부터 "한국 근대시사의 고고학적 수정"으로 나아가는 일이야말로 한국 근대시 연구의 새로운 과제이자, 내 공부의 과제로 삼게 되었다. 그 가운데 김억과 『학지광(學之光)』의 문학론으로 석사학위논문을 썼고, 또한 김억과 『조선문단(朝鮮文壇)』의 문학론으로 박사학위논문을 썼다. 그 이후 지금껏 김억과 그의 시대 시인들이 시의 음악화했던 사정을 공부하고 있다. 내가 자초한 바이기는 하나 한국 근대시 연구의 주된 흐름으로부터 벗어나 있었던 것만 같기도 하고, 내 전공이 한국 근대시 연구인지 일본근대시 연구인지 혼란스러워지기도 했다. 그러나 십 수 년 남짓한 시기 동안 근대기 한국에서 번역어로서 '시'에 대해 사고하고 언술하는 방식으로부터, '시'의 개념을 형성한 지식체계, '시'를 둘러싼 미학이데올로기와 국민적 주체 산출의 테크놀로지에 이르기까지, 내 나름대로 "한국 근대시사의 고고학적 수정"이라는 과제와 고군분투했다.

황종연의 논문은 두말할 나위도 없이 근원적으로 미셸 푸코와 베네딕트 앤더슨을 배경으로 삼고 있다. 이 논문은 특히 미셸 푸코의 담론이론이 한국 근대문학 연구의 중요한 방법일 수 있다는 것을 잘 보여준 의미 있는 사례였다. 또한 비교문학연구가 단순히 발신자 수신자 간의 소소한 영향관계를 따지는 방식이 아니라, 적어도 동아시아 나아가 세계적 차원에서 근대 문학의 전파와 성립의 사정을 조망하는 방법이라는 것을 보여준 선례이기도 했다. 반드시 「문학이라는 역어」만의 영향이라고는 할 수 없으나, 지난 10여 년 사이 적지 않은 연구자들이 담론이론과 비교문학의 방법론을 빌어 의미 있는 연구 성과를 산출했던 것을 생각해 보면, 황종연의 논문이 상징적인 의미를 지니는 것은 분명하다. 특히 지난 10여 년 사이 적지 않은 연구자들이 황종연이 제안한 대로 한국 근대문학에서 미학이데올로기의 전말을 추적하는 일은 물론, "한국 근대문학사의 고고학적 수정"에 공명하여, 다채로운 연구 성과들을 발표해 왔던 사정을 생각해 보면 특히 그러하다. 뿐만 아니라 그들에게 문학적 비문학적 텍스트, 한국문학만이 아니라 일본문학, 문학만이 아닌 인문사회과학의 온갖 분야의 이론 사이를 넘나드는 지적 월경(越境)을 자연스럽고도 당연하게 여기게 된 것을 생각해 보더라도 그러하다. 그러한 분위기에서 내 공부 길 또한 대하(大河)의 한 지류(支流)일 수 있다면 그저 다행스러울 따름이라고 생각하며 살아왔다.

그러나 이 글을 기회로 황종연의 논문을 다시 읽어 보니, 내 공부가 과연 부형 세대의 '이념형 연구'의 패러다임을 온전히 극복했던가, "한국 근대문학사의 고고학적 수정"에 얼마나 기여했던가 하는 회의가 거듭 든다. 솔직히 그러한 회의는 박사학위논문을 단행본으로 낸 이후부터 줄곧 머릿속을 떠나지 않았다. 그동안의 공부로 신문학 초기 세대 시인들의 미학이데올로기와 그들이 시를 통해 국민적 주체를 산출하고자 했던 기획이 결국 미학의 정치화로 귀결되었다는 대강의 사정은 알게 되었다. 하지만 신문학 초기 세대 시인들의 이념의 전말을 또 다른 '이념형의 연구'로 풀어냈던 것만 같았다. 또한 그 이념의 전말에만 집중했던 나머지 보다 다양한 주제와 방법으로 "한국 근대시사의 고고학적 수정"에 임하지 못했던 것만 같았다. 그러면서도 나는 박사학위논문 이후 우연히 접한 김억 등 신문학 초기 세대 시인들의 시의 음악화 기획에 주목하면서, 조심스럽게나마 매체의 문제와 문학제도의 문제에 주목하여, 외래의 문화상품으로서 '시'의 제도적 기반과 그것을 둘러싼 의사소통의 구조를 밝혀 보려 애써 왔다. 세상이 어떻게 판단할지 모르겠으나, 내 나름대로 그러한 공부로 "한국 근대시사의 고고학적 수정" 작업을 계속하고 있다. 이번에는 내가 한국 근대시 연구자인지 대중음악연구자인지 혼란스러울 때도 잦고, 또 지난 단행본에서 조만간 문세(問世)하겠노라고 해 놓고서는 아직도 그 마무리는 더디기만 하여 부끄러울 따름이다. 그나마 비록 좌고우면(左顧右眄)과 암중모색(暗中摸索) 중에도 내 나름대로 일찍이 정한 공부 길에서 너무 멀리 벗어나 있지는 않았다는 것으로 겨우 위안으로 삼을 뿐이다.

나와 비슷한 시기 한국 근대문학 연구의 길에 나선 연구자들에게 부형 세대와 다른 점을 꼽는다면, 그것은 정도의 차이는 있을지언정 관(官)의 구휼미(救恤米)로 일용할 양식을 삼는 생계형 학술노동자로서 살아가는 처지일 터이다. 그러한 처지를 당연하게 받아들이면서 어느새 제 공부 길을 생활인으로서의 현실적 소여 속에서 결정하게 된 것만 같다. 도전적이고 참신하고 깊이 있는 공부는 오로지 연구비 수주와 부합될 때 의미를 얻게 된 것만 같다. 또한 학술논문도 장구한 공부 길을 한 단계씩 나아가면서 이정표로서 발표하는 것이 아니라, 일용할 양식을 얻기 위한 계량적 평가의 수단으로 삼기 일쑤인

것만 같다. 나 스스로도 그렇게 생각하고 말하고 행동할 때마다 문득 놀라기도 하고 참담하기도 하다. 또한 '교환가치'를 지니는 인문학이 진정한 학문으로 대접받기 일쑤인 세상에서, "한국 근대시사의 고고학적 수정"의 과제가 도대체 어떤 의미를 지닐 수 있는지, 어떻게 그 과제를 풀어 나아가야 할지 고민하다보면 그저 아득하고 막막할 따름이다. 그래서 이 글을 계기로 십 수 년 전 어느 삼십대 후반 소장 연구자의 이 도전적인 매니페스토, 혹은 내 공부 길의 원점(原點)을 마흔의 나이에 다시 읽어 보는 감개는, 한편으로는 신선하면서 또 한편으로는 그저 착잡하기만 하다.

'만들어진 것들'의 향연, 문화론의 가장자리에서

에릭 홉스봄 외, 『만들어진 전통』을 떠올리며

박연희
동국대

1. 만들어지고, 발명된 것들의 세계를 근대성의 자장 안에 두고 담론 연구가 활발해진 무렵이었다. 전통과 민족처럼 고유하고 불변하는 관념이나 이념에 관해 의심하고 그 실체를 추적하는 논문들이 늘어갔던 것은 2000년을 전후로 한 때였다. 나 또한 1950년대 한국문학 시스템에 천착해 소위 민족주의, 전통주의로 수렴되는 단체, 인물, 담론에 관해 공부 중이었다. 가령 전통과 현대, 민족과 세계라는 상이한 이념이 제도적으로 통합, 분리되는 과정에 여러 가설을 세우며 그 상상된 것들이 집단적으로 이분화되는 논리를 살펴보고 있었다. 더불어 당대를 상징하고 주조하는 특정 이념 표상과 그 집단적 헤게모니를 실증적으로 재구하려 노력하면서 이른바 제도사 연구, 미디어 연구에 매료되기 시작했다. 아마도 그 즈음에 상허학회에서 "한국 근대문학 연구의 역사적 전환과 창조적 모색"이라는 주제로 학술대회를 개최해 문화론, 제도사 연구 등의 새로운 문학연구 방법론을 점검하며 열띤 토론이 있었던 것으로 기억한다.

2. 당시 고양된 문화론적 연구는 '자료 싸움'이라는 풍문이 있었을 정도로 문학사 주변의 신문, 잡지, 영화, 연감 등을 수집해 특정한 표상 체계를 실증적으로 해명하는 방식을 다채롭게 보여주었다. 내가 즐겨 읽은 논문들 역시 정치, 사회, 문화의 다양한 영역에서 새로운 논거를 찾아 기존 논의의 고정관념을 폭로하고 홀대한 텍스트를 새롭게 분석한 글들이었다. 특히 해방후 매체 연구를 어깨 너머로 즐겨 보았는데 이봉범 선생님의 『신천지』, 『문학예술』, 김한식 선생님의 『백민』, 『학원』 등의 연구는 출판자본, 편집체계, 담론의 생산 및 소비(등단제도 포함) 등으로 매체 성격을 면밀하게 파악하고 있어 공부가 많이 되었다. 한 시대를 대표하거나 반대로 교란시키는 잡지 하나를 통째로 놓고 살핀다는 것은 그것을 읽어내는 데 소요되는 오랜 시간도 그렇거니와 공론장의 카테고리를 분별한다는 것 자체가 매우 어려운 작업이다. 그런 점에서 김건우 선생님의 『사상계』 연구는 문학장과 중첩되는 지식인 담론의 계보와 분화 지점을 파악해낸 성과이기에 깊은 인상을 받았다.

어느 선생님, 어디 학회에서 진행되는 잡지 세미나팀이 하나씩 있었고 여기서 인고(忍

苦)의 시간(?)을 보내며 삶과 학문에 많은 인연을 만들기도 했다. 늦게 시작한 공부의 길에서 나는 '문학'은 '문화'를 통과해야 제대로 읽힌다는 나름의 태도를 취하며 동시대 연구자들과 공감할 수 있었다. 이때 '실증(實證)'에 근접한 연구 방법론이 비평적 자의식의 결여로 치닫는 느낌도 없지 않았지만 다양한 문화컨텐츠의 논거 역시 문학사의 흥미로운 구성물로 여겨졌다. 시대적 대표성을 띄는 텍스트를 통해 당대 문학 시스템을 재구하는 것에서 더 나아가 그 인과관계의 역사적 계기를 정밀하게 탐색하는 것이 중요해졌다. '전통의 창조'라는 표제와 결부되어 문화 전반에 걸쳐 나타난 민족정체성의 연원은 해방후 정치, 사회, 문화사적 현상을 성찰할 기회였다.

3. 창조된 시간성에 대한 역사적 의미와 효과는 『만들어진 전통 *The Invention of Tradition*』에서 깊은 통찰을 제공한다. '전통의 창조'라는 문구를 접하면 대부분의 연구자들이 그에 상응하는 예를 어렵지 않게 떠올리게 될 거라고 서문에서 에릭 홉스봄(Eric Hobsbawm)이 예견했듯 이 책은 다양한 표상 연구의 유효한 참조가 되었다. 한때 수업 시간에 이 책을 교재로 활용한 적이 있다. 익숙한 표상을 둘러싼 담론과 제도를 좇아 학생들은 '아리랑'에서 '붉은악마'까지, '명동 다방골'에서 '홍대'까지 문화적 집단성을 다시 낯설게 인식하며 박제화된 과거를 새롭게 탐구하는 일에 점차 빠져들었다. 그 수업 시간에 「거대한 뿌리」를 자주 언급했었다. 특정 시기에 고안된 역사적 표상이란 데서 김수영의 이 시가 연상된 것도 우연은 아닐 것이다. 소설가 김이석이 팔아먹으라고 준 이자벨 버드 비숍의 여행기를 번역할 때 김수영은 전통 역시 날조된 정치적 발명품 가운데 하나일 수 있음을 통쾌하게 풍자했다. 박정희가 민족적 민주주의라는 의념(擬念)을 만들어 강조한 호국정신과 한일회담 직후 진보적 민족주의자의 행렬을 맞닥뜨리면서 김수영의 전통 표상은 민족적 우월성을 보증하지 않은 채 역사적 모순과 낙차를 그대로 드러냈다.

4. 홉스봄이 엮은 『만들어진 전통』은 근대 이후 유럽에서 만들어낸 전통, 곧 반복 주입된 공식기억의 사례를 논증하고 있지만 내가 흥미롭게 읽은 부분은 엘리트 집단의 경우이다. 그에 따르면 전통의 가치와 기준에 대한 합의는 곧 당대 사회 구조화 시스템에 대한 동의를 의미하는 것인데, 엘리트의 경우 공동체 의식은 복종심을 주입시키는 것이 아닌 "집단적 우월감"을 고취시킴으로써 가능해진다. 간단한 예로 영국 사립학교는 '신사'라는 모델을 통해 부르주아적 지배집단이나 권위에 구성원들을 동화시켜 서로 간의 동질감을 고양시켰다.

한국의 국민화 과정(nation-building)에서 엘리트의 전통의식이 정치적 보수의 입장에서 형성된 데는 국가 표상을 정당화하며 소속감을 동기화하는 과정이 있었다. 가령 한국의 해방후 현상에 따른 문학적 인식과 반응은 (정치적) 존재의 기준

과 명분을 확립하는 문제와 연동된다. 그러나 예컨대 1950년대 국어국문학회 회원들처럼 강의나 교수임용 문제 등에 있어 해방전 세대를 타자화하는 방식을 통해 형성된 집단은 학문 분과 이상의 의미에서 '국(國)'이라는 관념을 실천하고 학문적 정체성의 특수성, 우월감을 공유하면서 더욱 공고해졌다. 1950년대에 학제화된 국문학의 '고전'이라는 문화적 표상은 해방후 학자들이 자기정체성을 확장시켜 문학사적 서술을 정당화하려는 문화 창조자의 심리적 계기이며 동시에 민족성과 세계성의 열망이 공존하는 '반만년 역사'의 주체, 신생국가의 산물이다. 현대시 전공자인 나의 첫 번째 논문은 당시 선배연구자의 제도사, 사상사, 매체 연구의 패러다임 안에서 전후 국문학 연구 집단의 논리를 우선적으로 검토하는 것이었다.

5. 지금 쓰고 있는 지면이 '책 속에서 길을 찾다'이다. '길'이라는 명사에 골몰하다가 여러 기억이 떠올라 정작 '한 권의 책'에 관해 많은 얘기를 꺼내지 못했지만, 사실 『만들어진 전통』은 그 무렵의 상당수 한국문학 연구자들이 그랬듯 텍스트의 역사적 기원을 재구하기 위해 노력한 삼십 대 초반의 나를 반추하기 위해 선택한 책이다. 어느 순간 박사학위논문을 쓰고 전임연구원이라는 명함도 만들었지만 여전히 나의 인문학적 상상력은 밝혀지지 않은 자료 퍼즐을 풀어낼 궁리가 전부인 것 같다. 90년대 이후 소위 '문학의 위기'에 대응하면서 연구영역을 문화, 일상, 삶으로 확장시키려 한 선배연구자들의 진지한 논의가 나와 같은 후속세대를 만들었다면 5, 6년이 지난 지금 한국문학 연구의 급진성에 대해 점검, 반성, 전망하는 자리가 다시 한 번 이어지기를 고대한다.

비정상적인 언어 놀이들, 무수히 펼쳐지는 낯선 시간들

『낯선 시간 속으로』와 『철학적 탐구』

신지영
히토쓰바시대

『낯선 시간 속으로』와 침묵을 말하는 법

90년대 초중반의 유행어로 "썰렁하다"는 말이 있었다. 그런데 원래 개그 용어인 그 말이 나는 그렇게 슬플 수가 없었다. 그 말은 어눌하고 분위기 파악을 못하는 사람을 면박주는 식으로 사용되기 일쑤였기 때문이다. 그럴 때마다 나는 마치 내가 면박당한 것 같고 그 모임의 썰렁함은 모두 내 탓인 것 같았다. 우리는 왜 이러한 상황을 만들고 이 속에서 한 발자국도 나갈 수 없는 것일까? 병 속에 갇힌 파리처럼 답답했다. 우리 학번들은 거센 정치적 소용돌이 속에 있었다고는 할 수 없다. 그러나 그 이후에도 나는 병 속에 갇힌 파리처럼 느껴지는 순간들을 자주 만났다. 그럴 때마다 나는 이상하게도 그 침묵하고 있는 사람들과 동일시되곤 했다. 그것은 직접적인 저항의 대상을 갖지 않은 우리 또래들이 견고하고 교묘해지는 겹겹의 제도 속에서 느꼈던 막연한 출구 없음의 느낌이었을지도 모른다. 그러나 그것은 슬픔이나 좌절만은 아니었다. 고개 숙인 침묵 속에는 강렬한 웅성거림 같은 게 있어서, 평범한 그 장면 뒤로 여러 개의 낯선 삶들이 겹쳐 열리는 것 같았다. 나는 침묵이야말로 웅성거림으로 가득찬 발화일지 모른다고 생각했다. 대학 시절 내내 "침묵을 말하고 싶다"고 했다. 그때 만난 것이 이인성의 『낯선 시간 속으로』였다.

이 책 날개에는 〈지은이의 수첩〉에서 옮겨온 다음과 같은 말이 있었다. "눌변이란 침묵이 최선이라는 걸 알면서도 침묵할 수 없는 자들의 서투름이라고나 할까. 더듬거리는 끝에도 결국 삶-말을 사랑하므로 침묵으로 건너가지 못한 자가, 또는 그런 건너뛰기를 거부한 자가 침묵하듯 말하는 방식. 덧붙여 이 모순을 끝끝내 밀고 나가는 방식. (…중략…) 신없는 순교에의 도박. 도박에의 순교. 도박과 순교를 동시에 행하기." 이 소설에서는 평범한 장면이 갑자기 쩍 갈라지고 그 속으로 또 다른 삶이 펼쳐지곤 했다. 주인공 '나-그'는 끊임없이 다른 존재로 분열되고 부스러지고 겹쳐졌고, 단어들은 자음과 모음으로 분절되거나 눕혀지거나 뒹굴었고, 쉼표나 띄어쓰기가 문장 속에 끼어들어 문법을 망가뜨렸다. 그 순간마다 사건과 감정에 따라서 과거 현재 미래가 뒤섞여 이상한 관계를 만들어냈다. 예를 들어 이런 식이다. "그들이 있다. 그들이 하나의 상황으로 있다. 그는 본다, 나는. 그는 듣는다, 나는. 그는 냄새 맡는다, 나는. 그는 맛본다, 나는. 그는 만진다, 나는. 동시에(!)

(…중략…) 지금 그-나는 그들을 감각한다. 그-나는 그들의 관계를 감각한다. 관계가 그곳에 있다."(200)

주인공의 방황은 내가 군대 간 사이 여자 친구가 내 친구랑 고무신 거꾸로 신었네 라는 흔한 레퍼토리에 기인한다. 그러나 이 흔한 레퍼토리는 "섬세한 비단결처럼 (…중략…) 제 삶의 무늬를 남김없이 짜 넣은" 삶의 장막을, 예리한 면도칼이 "의식이 의식할 틈도 없이 너무도 재빠르게, 눈부시고 날카롭게 (…중략…) 안개를 자르듯 하나의 줄을 그어 놓"는 것과 같은 순간이다(289~290). 찢어진 장막 뒤로 자신의 의식이 아닌 삶들이 모습을 드러낸다. 이인성은 이 사건을 마치 파리가 갇힌 병이 깨지는 순간, 하나의 세계 속에 여러 개의 세계가 펼쳐지는 순간으로 그린다. 면도칼로 장막을 찢는 것 같은 상처란 "삶과 죽음을 하나로 만드는 넋굿"이며 "상처를 통해 마침내 우리는 다른 삶을 살기 시작할 것"이라고 말한다(290). 이 소설의 난해한 말들은 삶 속에 다른 시공간과 다른 '나'들이 겹쳐져 있다는 것을 보여주기 위한 장치들이었다. 그리고 기존의 문법과 관습을 넘어서 말하고 표현하고 살기 위해서는 나와 너와 우리라는 관계성이 변화해야 했다. 그러나 과연 어떻게?

『철학적 탐구』와 연설/토론/강연/좌담회 및 소문/유언비어

대학원에 들어와서 접하게 된 근대 계몽기의 신문과 잡지들이 내게 준 쾌감은 바로 이 물음에서 비롯되었다. "과연 어떻게?" 똑같은 단어이지만 전혀 다른 의미로 사용되는 별세계가 근대 계몽기의 신문과 잡지 속에 있었다. 우리가 따르는 규칙과 가치들이 만들어진 것이라면, 그것이 괴롭게 느껴진다면 그것을 변화시킬 수도 있다. 그 변화의 실마리를 보게 해주었던 것은 한 권의 책이라기보다는 수유+너머라는 시공간 전체였다. 초기 수유+너머에서는 한쪽에서 밥을 하면 다른 한쪽에서는 세미나를 하면서 밥하는 사람에게도 툭툭 질문을 던지곤 했다. 온갖 잡일을 하면서 공부 이야기도 했고, 전공에 상관없이 모여 발표하고 토론했다. 그것은 변화무쌍하고 끝없이 펼쳐지는 한권의 책이었다. 다양하고 말빨 센 사람들 속에서 부대끼다 보니 발화한다는 것이 지닌 속도감, 긴장감, 논리와 감성, 용기와 부드러움, 어조와 몸짓, 빛과 어둠을 보고 배우게 되었다.

연설, 토론, 강연, 좌담, 대회 등 사람들이 모여서 이야기하는 시공간의 변화에 관심을 갖게 된 것은 지금과는 다른 배열로 이루어진(동시에 에너지로 가득 찬) 근대 초기의 텍스트들을, 삶과 토론이 뒤섞인 관계성 속에서 읽은 덕분이었을지 모른다. 근대 초기 자료들을 읽을 때 받은 거대한 판이 움직이는 것 같은 느낌들이 동료들의 말 속에서 생동감 있게 재현되곤 했다. 그것은 문학이면서 정치였고 감각이면서 이성이었고 이야기면서 정보였고 독백이면서 호소였고 해방이며 포섭이었고 그 모든 게 뒤엉킨 에너지였다. 그때 만난 것이 수사학 세미나에서 읽은 비트겐슈타인의 『철학적 탐구』(이영철 옮김, 2006, 책세상)였다.

『철학적 탐구』는 그의 첫 저서인 『논리-철학 논고』가 출간된 후 10년간의 공백기를 거친 뒤 1945년에 1부가 1949년에 2부가 발표되어 그가 죽은 뒤 출간된다. 『논고』가 언어의 공통된 성질을 밝히려고 한 책이라면 『탐구』는 언어의 공통된 성질이란 없고 오로지 '용법(use)'만 있을 뿐이라고 말한다. 그의 대표작 두 권은 완전한 역상이다. 이 10년 간의 공백기 동안 비트겐슈타인에게 무슨 일이 일어났던 것일까? 그는 불가항력으로 갑작스레 삶을 파괴하는 전쟁을 경험한 뒤 초등학교에서 아이들을 가르치면서 변화한다. 그는 아이들에게 언어를 가르치기 위해서는 단어의 의미가 아닌 단어의 용법을 알려줘야 한다는 것, 그리고 아이들이 단어를 감탄사로서 배운다는 것을 알게 된다.[1] 『논고』에서 철학적 문제들을 모두 해결했다고 선언한 그를 변화시킨 것이 철학이 아니라 불가항력으로 변화하는 삶과, 문법을 모르는 아이들과의 생생한 대화였다는 점은 의미심장하다. 이런 차이는 『논고』가 확고한 진리를 말하는 듯한 신의 독백체처럼 씌어진 데 반해, 『탐구』는 파편적 단상이자 질문이 많은 대화체로 씌어졌다는 점에서도 드러난다.[2]

『논고』를 "말할 수 없는 것들에 대해서는 침묵해야 한다"라고 끝맺었던 그는 『탐구』의 머리말에서 자신의 파편적 소견들을 하나로 용접하려는 모든 시도가 불가능하며 또 불필요하다는 것을 깨달았으며, 여전히 미심쩍은 느낌을 담고 세상에 공개한다고 말한다. 그는 "내가 쓸 수 있었던 최선의 것은 언제나 단지 철학적 소견들로서만 남아 있을 것이라는 것, 만일 내가 나의 사고들을 그 자연스러운 경향에 반하여 하나의 방향으로 더 강요한다면 나의 사고들은 곧 절름발이가 될 것"을 알았으며 왜냐하면 "탐구는 광대한 사고 영역을 종횡무진으로 모든 방향으로 편력하도록 우리에게 강요하기 때문"이라고 말한다.[3] 『탐구』란 이렇게 얽히고설킨 철학적 여정에서 얻은 풍경스케치들이거나 앨범일 뿐이라는 것이다. 즉 그는 이 책에서 삶이란 마치 앨범이나 레코드판처럼 매순간 시작되며, 그것을 보고 듣는 상황 속에서 전혀 다른 앨범/레코드판이 된다는 것을 알려준다. 하나로 모을 수 없고 미심쩍은 그러나 생동감으로 가득찬 말들, 그것은 근대 초기 신문 잡지 속 연설, 토론, 소문, 대화체들, 식민지 말기의 좌담, 대회, 유언비어의 특성이기도 하다. 식민지적 근대에 대한 욕망과 거부가 뒤엉켜, 지금과는 전혀 다른 의미를 담고 나타나는 용법들 말이다.

1 K.T.판 지음, 황경식 이운형 옮김,『비트겐슈타인의 철학이란 무엇인가?』, 서광사, 1989, 70~71쪽.

2 위의 책, 83쪽.

3 루드비히 비트겐슈타인 저, 이영철 옮김,『철학적 탐구』, 책세상, 2006, 16쪽, 이 책의 인용은 쪽수만 표시.

비정상적인 언어놀이들의 발명 – 용법과 관습 사이에서

사람들은 비트겐슈타인이 언어학자라고 오해하곤 하지만, 사실 그는 언어학을 한 적이 없었다. 그는 "철학적 목적은 무엇인가?"라고 물은 뒤, "파리에게 파리병으로부터 나가는 길을 보여주는 것"[4]이라고 답한다. 즉 그의 철학은 삶을 속박하는 언어와 규칙의 함정에서 자유로워지는 법을 가르쳐 준다. 비트겐슈타인은 "한 낱말의 의미는 언어에서의 그것의 사용(Use)"(52)이라고 말한다. 예를 들어 '친구'라는 낱말은 단어이지만, 때에 따라서는 친구가 되자는 요청이기도 하며 부탁을 들어달라는 것이기도 하며 감사의 표시가 될 수도 있다. 언어는 다양하게 겹쳐지고 교차하는 "가족 유사성"을 지닌 근친관계를 이루고 있을 뿐, 공통된 본질을 지니지 않는다. 언어의 의미는 고정된 것이 아니라 발화되는 순간 그 삶의 형태에 의해서 의미가 생성되는 아이들의 "언어놀이"와 같은 것이다. 그런데 우리는 마치 '언어놀이'의 심연에 어떤 진정한 실체가 숨겨져 있을 것이라고 생각하고 그 규칙과 문법을 신을 믿듯 믿어 버린다. 우리의 잘못은 "'원현상(原現象)들'로 보아야 할 곳", 즉 "언어놀이가 행해지고 있다고 말해야 할 곳"에서 "어떤 설명을 구하는 것"이다(296). 그는 말한다. 그 어떤 것도 숨겨져 있지 않다. "언어 놀이를 일차적인 것으로 보라!"(296) 하나의 세계는 하나의 용법, 언어놀이일 뿐 절대적인 진리도 가치도 심오한 심연도 없다. 따라서 단 한번의 작은 발화일지라도 견고해 보이는 놀이 규칙 전체를 바꾸고 또 다른 삶을 만들어 낼 수 있다! "어떤 하나의 언어를 상상한다는 것은 어떤 하나의 삶의 형태를 상상하는 것"(31)이다.

그러나 우리는 "언어적 실천"이 필요할 때 침묵해 버린다. 이 심연의 중력은 어디서 오는 것일까? 언어놀이가 의미를 띠는 순간은 사회 전체의 관습적 질서와 깊이 연관되기 때문이다. 비트겐슈타인이 "규칙 따르기와 관습 사이의 연결"에 대해 깊은 관심을 보였던 것은 이 때문이다.[5] "하나의 규칙을 따른다는 것, 하나의 보고를 한다는 것, 하나의 명령을 한다는 것, 하나의 장기놀이를 한다는 것은 관습들(관례들, 제도들)"[6]이다. 푸코는 『말과 사물(1966)』 서문에서 보르헤스가 언급한 중국의 한 백과사전을 인용하면서 무의식적 언어의 구조를 해체했다. 비트겐슈타인은 "상상 속에서만 존재하는 어떤 일람표"(171)에 대해서 말한다. 그러나 그에 의하면 상상 속에서만 일람표를 참조하는 것은 '일람표의 참조'라고 할 수 없다. 상상만 하는 것은 어떤 새로운 용법도 만들어내지 못하기 때문이다. 푸코가 우리가 지닌 무의식적인 언어의 구조를 폭로했다면, 비트겐슈타인은 이 '무의식적인 언어의 구조'가 어떤 용법을 지니는가에 초점을 맞추고 있다.

그런데 비트겐슈타인은 이 언어놀이에 대한 흥미로운 언급을 남긴다. 우리는 오직 이른바 정상적인 경우들 속에서만 무엇을 말해야 할지 알 뿐 "경우가 점점 더 비정상적으로 될수록 (…중략…) 규칙인 것이 예외가 되고 예외인 것이 규칙이

---

4 레이 몽크 지음, 남기창 옮김, 『루드비히 비트겐슈타인2』, 문화과학사, 2000, 679쪽.

5 위의 책, 668쪽.

6 위의 책, 150쪽.

된다거나, 그 둘이 대략 같은 빈도로 일어나는 현상이 된다거나 한다면 - 우리의 정상적인 언어놀이는 그로서 그 요점을 상실할 것"(110)이다. 이 말에서는 고통과 해방감이 동시에 느껴진다. "정상적인 언어놀이"가 그 요점을 상실할 때 시작되는 언어놀이는 어떤 것일까? 비슷한 예들로 그는 "친숙하지 않음과 부자연스러움의 느낌은 발견하기가 더 쉽다"(278)라거나 완전히 낯선 전통을 지닌 외국에서 우리는 타인이 수수께끼 투성이임을 발견한다(395)거나 같은 유머 감각을 지니지 않은 사람들의 관계(755)에 대해서도 말한다. 그가 "상맹(相盲)"이라고 일컫는 사람들이다. 그리고 그들은 "그림들에 대해 우리와는 전혀 다른 관계를 가질 것"(378)이며 삶에 대해서도 그러할 것이다. 비정상적인 언어놀이, 이것은 고통이자 동시에 해방이다.

이 정상적이지 않은 언어놀이를 하는 자들은, 역사적 자료를 읽으며 낯선 시공간 속으로 들어가 헤매는 우리들이며, 수수께끼와 같은 타자들과 만나 접점을 찾아 애쓰는 우리들이기도 하다. 비정상적인 언어놀이는 정상적인 언어놀이들 속에 잔뜩 있어서 우연한 사건들을 발생시킨다. 연설, 토론, 소문 강연, 대회와 같은 것들이 내 흥미를 끌었던 것은 바로 이 정상적인 언어놀이를 흉내내는(연기하는) 순간 발생하는 무수한 비정상적인 언어놀이들이 그 대화적 텍스트 속에서 느껴졌기 때문이다. 이 순간들에 명확해지는 것은 이것이다. 발화란 곧 삶에 개입하는 것이고 사회질서 전체를 바꾸는 사건이 될 수 있다. 근대 초기 지식인들은 바로 그런 방식으로 토론하고 연설하고 썼으며, 대중들은 바로 그런 방식으로 온몸으로 거부하고 소문을 냈으며, 식민지 말기의 지식인들은 담론장의 규칙을 교묘히 비틀면서 언어놀이를 한다. 따라서 비정상적인 언어놀이 속에서는 침묵이 강력한 발화가 되기도 한다. 그리고 지금의 우리들도 방법은 다를지언정 역시 언어놀이 중이다.

언어놀이라는 점에서 보면 '고통스럽다' '슬프다' 등 감정을 나타내는 말처럼 이상한 말도 없다. 그 앞에 '언제나'를 붙이면 이상함은 배가 된다. 변화무쌍한 언어게임들 속에서 '고통스럽다'라고 할 때 그것은 나의 고통인가, 언제부터 어디서 어떤 강도로? 이 말로 무엇을 의미하려 한 것일까? 사회는 그 말을 어떻게 받아들일 것인가? '희망하다'와 '믿는다'는 말은 더욱이 신비롭다! 계속해서 희망하고 믿기 위해서 얼마나 많은 언어놀이들의 규칙들을 만들어내야 할 것인가?! 비트겐슈타인의 글이 내게 가장 위로를 주는 것은 이러한 감정적인 말들의 용법을 논하는 부분이다. 그는 파리가 갇힌 병에서 나가는 방법을 알려주는 동시에, 그 자유가 쉽게 주어지지 않을 뿐 아니라 섣불리 나갔다가는 파리 목숨이 되어 버린다는 것도 동시에 하는 듯하다. 우리는 정상적인 언어놀이의 용법 위에서만(?) 정상적인 언어놀이들을 바꿀 수 있기 때문이다. "언어의 이름들이 지칭하는 것은 파괴 불가능해야 한다. 왜냐하면 우리들은 파괴 가능한 모든 것이 파괴되어 있는 상태를 기술할 수 있어야 하기 때문이다. 그리고 이러한 기술 속에는 낱말들이 존재할 것이다. 그리고 그렇다면 그 낱말들에 대응하는 것은 파괴되어서는 안 된다. 왜냐하면 그렇지 않다면 그 낱말들은 아무 의미도 가지지 않을 것이기 때문이다"(62). 그는 정상적인 언어놀이들 속에서 또 다른 언어놀이들을 만들어 내며 말한다, 절박하게. "나는 내가 앉아 있는 나뭇가지를 잘라 내서는 안 된다"(62).

"누구"의 침묵을 말할 수 있을까?

비트겐슈타인은 침묵을 말하고 싶다고 생각했던 나에게, 왜 어느 순간 어떻게 침묵이 발생하는가를 보여주었다. 또한 그 침묵이 실은 발화이고 그 발화가 사회 전체의 질서와 규칙을 바꿀 수 있다는 용기를 주었다. 이 비정상적인 언어놀이들을 발견하거나 정상적인 언어놀이에서는 들리지 않는 침묵을 들리게 하는 언어놀이를(혹은 관계성을) 발명하는 것이, 근대 계몽기 및 식민지기 연설, 토론, 강연, 좌담, 대회 및 소문이나 유언비어들을 통해서 내가 해보고 싶었던 것이다. 비트겐슈타인이 언어학자로 오해되지만 실은 삶에 대해서 말했듯이, 내 질문의 대상은 늘 사람들이 모이는 곳, 그때 형성되는 관계성, 삶 전체이다.

내게는 결코 풀 수 없는 질문들이 있는데 그 중에서도 여성이론을 공부하고 활동했던 한 친구의 질문은 아직도 가슴 속 깊이 남아 있다. "너는 침묵을 말하고 싶다고 하는데 그렇다면 그것은 누구의 침묵이야?" 나는 그때도 지금도 이 말에 대답할 수 없다. '누구'인지는 언어놀이를 통해서 자꾸만 바뀌고 2011년 봄에 일어난 재해 이후에는 그것이 인간인지 아닌지도 점점 불확실해진다. 그러나 이 질문이 지닌 '자세'를 잊지 않으려고 한다. 요즘엔 비정상적인 언어놀이들을 복잡한 외국어들이 부딪치는 상황 속에서 생각하고 싶고, 또한 좀더 생생한 집단들 속에 들어가 부대끼면서 생각해 보고 싶다.

비트겐슈타인은 『탐구』 서문에서 자신의 글이 "누군가로 하여금 자신의 사고에 이르도록 북돋아 주었으면 한다"(17~18)고 말한다. 나는 이 책을 옆에 두고, 어떤 권위로부터 자유로워지고 싶을 때, 발화를 할 용기를 얻고 싶을 때, 수수께끼 같은 대상을 만났을 때, 이해할 수 없는 스스로를 만날 때, 마치 앨범을 꺼내보듯 레코드판을 듣듯이 꺼내본다. 그러면 말하고 싶은 것과 말하고 싶지 않은 것, 밝히고 싶은 것과 감추고 싶은 것 사이에서, 여러 겹의 삶이, 언어놀이들이, 몸들이 모습을 드러낼 수 있을 것만 같다.

書路

이 책은 과연 어떤 사람이 읽었을까?

김승옥 단편집 『무진기행』

임태훈
성균관대

뭘 읽어도 머리에 들어오기는커녕 눈에 걸리는 문장 하나 없는 최악의 날이 있었습니다. 이대로 가다간 별수 없이 공부를 포기해야만 할 것 같았습니다. 때는 대학원 석사 과정 중이었습니다. 이 무렵 나는 경제적인 곤란이나 장래에 대한 불안 못지않게 상상력의 결핍에 시달리고 있었습니다. 게다가 시절까지 수상해서, 끔찍한 살인사건으로 온 나라가 침울했습니다. 그러나 바닥에 닿으면 결국 솟아오르게 마련인가 봅니다. 지금부터 하려는 이야기는 살인자의 독서 목록이 도탄에 빠진 연구자를 어떻게 구원했는가에 대한 고백입니다.

날로 멍청하게 변하는 얼굴을 거울로 확인하고 깊은 한숨을 쉬었던 어느 날. 그때도 연쇄 살인에 관한 뉴스가 며칠이고 반복해서 보도됐지요. 이런 방송은 으레 범죄 심리학자의 인터뷰까지 한 세트로 묶어 내보기 마련인데, 인터뷰 장소는 늘 책장 앞입니다. 카메라의 위치며 화면 구도까지 엇비슷해서 여러 번 보다 보면 책장에 꽂혀 있는 책의 목록을 일부나마 외울 수 있게 됩니다. 요샌 보도 영상을 인터넷으로 갈무리해볼 수 있어서, 창을 몇 개씩 띄워놓고 각기 다른 시기의 살인사건 뉴스를 비교해볼 수도 있습니다. 이때도 나는 인터뷰이의 책장을 유심히 살펴봅니다. 범죄자의 이상 심리와 행동 패턴을 연구하는 전문가는 국내에 몇 안 됩니다. 방송에 단골로 등장하는 인터뷰이는 그중에서도 두세 명에 불과합니다. 그러니 불과 몇십 초도 안 되는 화면이라고 해도 특수한 자료를 다루는 흔치 않은 사람들이 머무는 장소를 엿볼 기회이면서, 무엇보다도 그들의 독서 체험을 유추해볼 수 있는 흥미진진한 순간입니다.

범죄학 전공서와 법전쯤이야 이런 장소에 당연히 있을 책입니다. 추리 소설도 적잖이 눈에 띕니다. 이것도 그들 책장에 있을 만한 책이라 별다른 감흥을 주지 않았습니다. 그런데 인터뷰이의 등 뒤에 꽂혀 있는 김승옥 단편집 『무진기행』이 자꾸만 눈길을 끌었습니다. 일단은 대수롭지 않은 책이라고 생각했습니다. 전공 분야와 상관없이 인터뷰이가 개인적으로 즐겨 읽는 책일 수 있지 않겠습니까. 고전의 반열에 오른 『무진기행』이라면 그럴 수도 있습니다. 하지만 화면을 아무리 살펴봐도 『무진기행』과 비슷한 취향으로 묶일만한 책은 보이지 않았습니다. 비슷한 주제와 종별로 칸마다 책들이 잘 정리된 책장이었기 때문에, 덩그러니 섬처럼 고립된 『무진기행』은 유독 눈에 잘 띄었습니다.

왜 저 소설이 여기에 꽂혀 있을까? 이런 생각이 들더군요.『무진기행』이 범죄 심리학자에겐 문학적인 감흥에 젖게 만드는 명작이 아니라, 음흉한 욕망이 꿈틀거리는 위험인물의 진술서 같은 것으로 읽히진 않았을까. 그런 생각을 품고 소설의 장면을 떠올려보니 서늘한 대목이 한둘이 아니었습니다. 이 소설을 그동안 어떤 사람들이 읽었을까요? 어디에나 있을 수 있는 책이라면 누구라도 읽었을 수 있습니다. 문학소녀, 문학청년뿐만 아니라 범죄 심리학자도 읽고, 말도 안 되는 비행을 저지른 범인도 읽었을 테지요. 살인을 저질렀거나, 장차 저지를지 모를 어떤 이에게 '무진'은 어떤 장소로 여겨질까요? 이것이 『무진기행』을 범죄 심리학자의 책장에서 재발견한 순간이었습니다. 이 소설의 불쾌한 이면이 드러나는 뜻밖의 장소를 찾아낸 것입니다.

김현, 김윤식을 비롯해 수많은 국문학자가 「무진기행」을 1960년대의 공기를 포착한 이정표가 되는 작품으로 평가합니다. 소설가 신경숙도 작가지망생이었던 시절, 김승옥 문체의 아름다움을 빼닮고자 「무진기행」을 노트에 필사했다고 합니다. 이 작품이 발표된 1964년 이래로 오늘에 이르기까지 수많은 작가와 연구자들이 「무진기행」을 향해 찬사를 쏟아내고 있습니다. 하지만 과잉된 칭찬의 말이야말로 「무진기행」을 자세히 들여다볼 수 없게 만드는 안개가 아닐까요. 「무진기행」은 그 많은 유명 인사들의 박수에 값하는 교양 있는 작품이라고만 여기기엔, 섬뜩한 점이 한둘이 아니었습니다.

이 소설에서 '나'가 솔직하게 털어놓고 있지 않은 이야기가 무엇인지 궁금했습니다. 우선 그가 가장 솔직했던 순간부터 짚어봤습니다. 청산가리를 먹고 자살한 술집 여자의 시체를 봤을 때, 그는 지난밤의 욕구불만을 보상받기라도 한 듯 성적으로 흥분합니다.

> 나는 물가로 내려가 학생들 틈에 끼었다. 시체의 얼굴은 냇물을 향하고 있었으므로 내게는 보이지 않았다. 머리는 파아마였고 팔과 다리가 하얗게 굵었다. 지난밤의 새벽은 추웠던 모양이다. 아니면 그 옷이 그 여자의 맘에 든 옷이었던가보다. 푸른 꽃무늬 있는 하얀 고무신을 머리에 베고 있었다. 무엇인가를 싼 하얀 손수건이 그 여자의 축 늘어진 손에서 조금 떨어진 곳에 굴러 있었다. 하얀 손수건은 비를 맞고 있었고 바람이 불어도 조금도 나부끼지 않았다. 시체의 얼굴을 보기 위해서 많은 학생들이 냇물 속에 발을 담그고 이쪽을 향하여 서 있었다. 그들의 푸른색 유니포옴이 물에 거꾸로 비쳐 있었다. 푸른색의 깃발들이 시체를 옹위하고 있었다. 나는 그 여자를 향하여 이상스레 정욕이 끓어오름을 느꼈다.

무진의 경찰은 자살 시체를 대수롭지 않은 일인 듯 대합니다. 초여름이 되면 술집 여자들이 매년 몇 명씩 죽어나가는 곳이 무진이라면서요. '나'가 무진에 돌아온 시점도 하필이면 여자들이 몇 명씩 목숨을 끊는 시즌입니다. 여자 시체를 꼼꼼

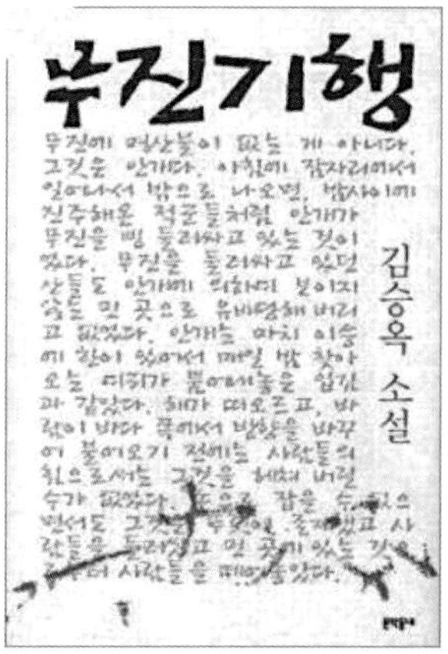

히 눈으로 훑고, 끓어오르는 정욕을 느끼는 '나'의 모습은 「무진기행」의 가장 기괴한 장면으로 손꼽힐 만합니다. 머리는 어떤 모양이고, 옷은 어떤 색깔에 무엇을 입었고, 얼굴은 어디를 향하고 있는지 집요한 묘사가 이어집니다. 이 지역 학생들도 극성스럽긴 마찬가지입니다. 시체의 얼굴을 보겠다며 굳이 냇물까지 들어가 호들갑을 떱니다. 이곳에서 시체는 구경거리 취급을 받을 뿐이고, 죽음은 흥미를 끌지언정 동정받긴 어렵습니다. 인구 오륙만의 무진은 안개 못지않게 사람들의 냉소로 자욱한 곳입니다.

'나'가 하인숙과 섹스를 한 뒤 함께 걷는 장소도 여자가 자살한 방죽이었습니다. 그들은 그곳에서 키스를 합니다. 왜 하필 거기였을까요? 그런데 바로 이 장면을 끝으로 하인숙은 소설에서 사라져버립니다. '나'도 다음날 급작스럽게 서울로 돌아가 버립니다. 원래 일정은 일주일을 무진에서 머무는 것이었습니다. 이 대목을 되풀이 읽을수록 궁금증을 참기 어려웠습니다. 하인숙은 방죽에서 '나'와 키스를 한 뒤에 어디로 간 것일까요. 그녀에게 무슨 일이 있었을까요. '나'가 떠난 뒤에도 평소처럼 학교로 출퇴근하는 일상이 반복되었을까요. 하인숙에 대한 걱정을 떨쳐버릴 수 없었던 이유는 우선 이 장면 때문이었습니다. 하인숙과 '나'가 섹스를 하기 직전 상황입니다.

> 우리는 우리가 찾아가는 집에 도착했다. 세월이 그 집과 그 사람들만은 피해서 지나갔던 모양이다. 주인들은 나를 옛날의 나로 대해 주었고, 그러자 나는 옛날의 내가 되었다. 나는 가지고 온 선물을 내놓았고 그 집 주인 부부는 내가 들어 있던 방을 우리에게 제공해 주었다. 나는 그 방에서 여자의 조바심을, 마치 칼을 들고 달려드는 사람으로부터, 누군지가 자기의 손에서 칼을 빼앗아 주지 않으면 상대편을 찌르고 말듯한 절망을 느끼는 사람으로부터 칼을 빼앗듯이 그 여자의 조바심을 빼앗아 주었다. 그 여자는 처녀는 아니었다.

'나'에게 하인숙은 자살한 술집 여자와 마찬가지로 언제 죽어버릴지 모를 여자, 당장 죽어버린다 해도 누구 한 사람 찾지 않을 사람입니다. 경찰도 그녀의 죽음을 술집 여자의 죽음과 달리 취급할지 의문입니다. '나'의 모교 동창이자 무진의 세무서장이 된 '조' 역시 같은 이야기를 합니다.

> "똑똑하기야 하지. 그렇지만 뒷조사를 해 보았더니 집안이 너무 허술해. 그 여자가 여기서 죽는다고 해도 고향에서 그를 데리러 올 사람 하나 변변한 게 없거든" 나는 그 여자를 어서 만나고 싶었다.

이 장면 이후 '나'는 하인숙에게 급격하게 관심을 기울이기 시작합니다. 이런 '나'가 하인숙을 통해 무진에서 보상받으려 한 것이 한 번의 섹스에 불과했을까요. 이 소설은 하인숙의 입장에서 다시 읽어봐야 했습니다. 「무진기행」을 읽는 범죄심리학자도 하인숙을 걱정하지 않았을까요. 서울로 떠나버린 '나'는 하인숙에게 무슨 짓인가 저지르고 서둘러 도피한 것은 아닐까요. 상상은 해봅니다만, 「무진기행」을 그런 식으로까지 왜곡하고 싶은 마음은 들지 않네요. 무엇보다도 '나'가 하인숙에게 보내려다 찢어버린 편지에는 애틋하고 미안한 감정이 녹아있습니다. 나름 알리바이로 쳐줄 만한 대목이지요. 하지만 그런 서술은 잘라버린 채, 어두운 상상에만 몰두하며 「무진기행」을 탐닉하는 독자도 있지 않을까요? 앞서 말한 것처럼, 이 소설은 너무 유명해서 어디에나 한 권쯤 꽂혀 있고 누구라도 읽을 기회가 많은 작품입니다. 그러니 살인자라고 「무진기행」을 읽지 않으라는 법은 없습니다. 바로 그 이유 때문이라도 이 소설은 범죄심리학자의 책장에 꽂혀 있을만한 작품이라고 생각했습니다.

존 레논을 살해한 마크 데이비드 채프만이 『호밀밭의 파수꾼』의 홀든에 자신을 이입시켜 살인의 환상을 부풀렸다면, 한국의 어느 연쇄살인범에게 '무진'은 이상적인 살인의 장소로 여겨질 만합니다. 유영철, 강호순 같은 사람들이 페이지에 손때가 까맣게 타도록 소설을 반복해서 읽는 모습을 상상해 봅니다. 언제 죽어도 이상할 게 없다고 여겨지는 여자, 타인의 불행에 냉소적인 사람들, 무사태평한 태도의 경찰, 게다가 안개가 잦은 날씨마저 범죄에 유리한 환경입니다. 성욕에 시달리는 소설 속 '나'의 동선도 죽음의 언저리를 기웃거립니다. 대체 모두들 그동안 어떤 「무진기행」을 읽었던 걸까요?

이런 생각에 빠져 혼자 씩씩거리던 중, 끊어져있던 머릿속 회로가 반짝하고 이어지는 것을 느꼈습니다. 그리고 상상력의 프로펠러가 다시 바람을 일으키기 시작했습니다. 다행히 아직까진 잘 돌아가고 있는 중입니다.

문학의 벡터

마에다 아이(Maeda Ai)의 *Text and the City*

홍덕구
동국대

대학원 과정의 한 수업에서 황종연 선생님의 소개로 *Text and the City*를 읽기 전까지, 내게 마에다 아이는 독자 중심의 문학연구자라는 이미지였다. 『일본 근대독자의 성립』에서 보여주었던 방법론이 무척 인상적이었기 때문이다. 그러나 『일본 근대독자의 성립』 및 『도시공간에서의 문학』에 수록되어 있던 마에다 아이의 글들을 Fujii, James A.가 선별하여 영어로 번역한 일종의 앤솔로지인 이 책은 문학연구자로서 마에다 아이의 다른 면모를 볼 수 있게 해주었다.

이 책에서 받은 가장 강한 인상은 숫자들에 대해 상상력을 발휘하는 방식이다. 내게 있어서 숫자와 각종 기호들로 이루어진 수학의 세계는 메마르고 건조하기만 해서 상상력이 개입될 여지가 없는, 어떤 매력도 느낄 수 없는 그런 세계였다. 길고 지루했던 대학입시가 끝나고 동네 공터에서 새 책이나 다름없던 홍성대의 『수학의 정석-실력편』을 불태우면서 그것이 그 세계와의 이별의식이라고 생각했다. 이후 학부에서 한국문학을 공부하면서 각종 숫자와 수치들로 나타나는 데이터의 세계는 비문학적인 것이라고, 내가 문학을 전공하는 이상 마주칠 일이 더 이상은 없는 것이라고 생각해 왔다.

하지만 마에다 아이가 수치화된 데이터를 바탕으로 사회학적 상상력을 발휘하여 문학텍스트를 입체적으로 재구성해내는 과정들을 보면서, 문학의 언어로 구현되는 세계란 수학이나 통계학의 언어가 지시하는 세계로부터 독립적으로 존재할 수 없다는 것을 느꼈다. 예컨대 히구치 이치요의 소설 「키 재기」를 분석하면서 마에다 아이는 인구와 물산에 대한 통계적 자료를 통해 소설의 배경이 되는 도쿄부 류센지무라를 당대적으로 재현해내고 있으며, 이를 통해 급속도로 도시화가 진행되는 도쿄 교외의 한 농촌지역이라는 장소적 특징이 「키 재기」라는 텍스트 전체를 관통하고 있다는 점을 지적한다. 이처럼 텍스트가 기반하고 있는 실제적 배경에 대한 재현이 선행되지 않을 경우, 「키 재기」는 피상적이고 평면적으로 해석되기 쉬운 소설이다.

물론 이러한 연구방법이 모든 작품에 대해서 가장 효과적인 방법은 아니며, 한국문학 연구에 적용할 경우의 문제점도 적지 않다. 각각의 작품이 현실적 배경과 맺고 있는 관계성에 대한 고민이 선행되지 않는다면 오히려 작품을 무미건조한 것으로 보이게 하기 쉽다. 그럼에도 불구하고 이러한 마에다 아이의 방법론은 내게 여전히 매력적인데, 그것이 적절히 적용되었을 때에 문학작품 및 그것을 둘러싼 맥락에 대한 해석의 가능성이 일제히 입체화되는 양상은 작품 자체만을 볼 때나 맥락만을 고려할 때와는 비교할 수도 없이 풍부한 것이기 때문이다. 문학이 세계와 가장 행복하게 만나는 환상이 보인다면 과장일까?

그리고 한 가지 더, 내가 이 책으로부터 영향을 받은 것은 방법론이라기보다는 태도에 가까운데, 근대 이전부터 존재하던 것들이 근대성의 일부를 구성하게 되는 양상들에 대한 관심이 바로 그것이다. 현재 국문학의 학문 편제가 고전문학과 현대문학을 나누고 그 사이에 투명한 장벽을 세워 놓았듯이, 근대 이후의 문학을 연구하는 입장에서 근대 이전의 문학작품들은 어느 정도 친숙하면서도 동시에 낯선 것일 뿐, 양자 사이의 관련성에 대해서는 큰 관심을 갖기 어려운 것이 사실이다. 하지만 마에다 아이는 근대문학 연구자이면서도 메이지 이전부터 전해져오는 것들에 대한 관심을 잃지 않았다. 가와바타 야스나리의 소설 「아사쿠사 쿠레나이단」에 대한 분석에서 그는 에도적인 것과 메이지적인 것이 복잡하게 혼재된 거리의 모습을 제시하고, 메이지적인 것만이 근대가 아니며 에도와 메이지가 같은 공간에서 공존하는 그 혼란상이야말로 근대의 한 단면을 가장 잘 재현하고 있다고 말한다. 이러한 마에다 아이의 근대상과 여전히 남아 있는 에도적인 것들에 대한 관심에는 나 역시 공감하는 바가 적지 않다.

대학원 진학을 고민하면서 나 스스로에게 던진 질문은 '내가 좋아하고 또 연구하려는 바는 한국문학의 어떤 부분인가'라는 것이었다. 돌이켜보니 학부과정에서 배운 근대문학에 관한 것들 중에서도 내가 관심을 가졌던 것은 가장 모던하지 못한 것들이었다. 이전까지의 형식들을 부정하면서 자신이 하고자 하는 문학의 성격을 새로운 것으로 규정했던 이광수는 왜 춘향전이며 허생전같은 근대 이전의 서사를 소설에 차용했을까? 삼국지나 수호지, 서유기 같은 동아시아 고전서사는 무슨 이유로 신문학 작가들에 의해 근대문학의 언어로 재번역되는가? 대학원에 진학해서 이러한 문제의식을 미흡하나마 발전시킨 것이 식민지 후반기의 삼국지 번역 문제를 다룬 나의 석사논문이다. 모든 단단한 것들이 녹아 없어지는 근대의 모델은 나에게 해답이 될 수 없었다.

마에다 아이가 제시한, 근대를 구성하는 전근대적인 것이 한국의 근대에도 존재했음을 보이려면 양쪽의 경우를 비교해보아야 할 것이다. 중세와 근대의 중간 단계로서 일본의 '근세(近世)'에 상당하는 것이 조선에도 있었다고 보는 것은 아니다. 그러려면 중세와는 구별되는 사회제도와 생산양식이 조선 후기에 출현했고 그에 의해 인간의 생활과 사상 양면이 크게 변화했다고 주장해야만 하는데, 그러한 주장에는 나 역시 동의하지 않기 때문이다. 나는 오히려 그것이 미적 취향의 문제라고 생각한다.

아름다운 것, 즐거운 것에 대한 다수의 취향이란 고작 수십 년 사이에 부침개 뒤집듯 뒤집어지는 것이 아니라고 믿기

때문이다. 이 미적 취향은 대개 지역이나 민족을 단위로 작동하지만 삼국지 번역의 문제에서 드러나듯이 때로는 동아시아 전역의 문제로 확대되기도 한다. 예컨대 1930년대 후반, 중일전쟁의 기운에 휩싸인 동아시아에서 전란의 감각을 반영하는 서사로 등장한 것이 바로 삼국지였던 것이다. 그 이면에는 '동아시아적인 취향의 공동체'가 존재한다고 믿는다. 그것은 역사적 경험들을 통해 아주 오랫동안 천천히 쌓이면서 굳어진 퇴적물 같은 것이다. 나는 근대문학 연구자로서 그 공동체의 존재가 근대문학의 형성과정에 끼친 영향을 파악하는 일이 매우 중요하다고 생각하는데, 이러한 문제의식은 마에다 아이의 근대 모델에 많은 부분을 빚지고 있다.

연구자에게 묻는다

Q 설문 항목

1. 연구를 계속할 수 있는 힘은 어디에서 나오는가?
2. 언제 슬럼프에 빠지고, 어떻게 극복하는가?
3. 연구자일 뿐만 아니라 생활인으로서 어떤 고충을 느끼는가?
4. 내가 학술대회를 기획한다면?
5. 선후배 연구자들에게 하고 싶은 말이 있다면?

▶ 앎과 자유의 힘

1.

헉, 몇몇 선학의, 도달할 수 없을 것 같은 까마득한 높이. 공부를 하면서 알게 되는 세계의 속살. 그럼으로써 얻게 되는 약간의 자유. 한국학 연구자로서의 자의식에 관련해 말한다면, 한국의 근대 경험을 모델화해 보고 싶다는 욕심.

2.

슬럼프라… 아무리 원고에 쫓겨도 잘 챙겨 놀아준다. 산책이나 운동이나 악기. 대상-자료에 압도당할 것 같은 패닉을 느낄 때가 가끔 있고, 갈수록 문장이 초등학생 같아진다는 우울한 의식도 좀 있지만, 꾸역꾸역 끝까지 써 본다. 공부마을 친구들과 어울려 노는 게 마음 가다듬는 덴 젤 나은 방법. 헌데, 20대 때는 일필휘지였던 것 같은데 왜 이리 글 쓰는 게 점점 악착스러워지는지?

3.

바쁜 엄마라서 애들 키울 때 일관된 원칙을 갖고 대하지 못한다는 자의식. 애들은 귀신같이 부모 바쁠 때 아프고 말썽 피운다. 잡다한 가족관계도 가끔. 가장 친한 친구들과 맹렬한 인정투쟁 및 구직경쟁을 하고 있는 셈이니까 드물게 그런 것도 문제.

4.

흠? 언젠가 아주 고요하고 작고 오밀조밀한 주제로 학술대회를 해보고픈 생각도. 미학주의적인.

5.

공부의 공공성이랄까, 이런 걸 느낄 때가 젤 좋다. 삿된 게 적어야 사람 사이도 편안해지니까. 함께 잘 늙어가세. 우리끼리 놀 거리 많이 궁리하면서.

40대 여성 기혼 박사졸업 10년 이상

▶ 온고지신과 박람강기를

1.

근대문학이 역할을 다했다고 일컬어지는 가운데, 비서구, 구식민지, 후발경제지역인 한국에서 여전히 문학적 글쓰기에 대한 의미와 가치를 부여하는 이유를 역사(근대문학의 역사이든, 근대사이든) 속에서 규명해야 한다는 소명.

2.

(1) 연구 대상 텍스트가 생성된, 혹은 그것이 가로놓인 문맥이 분명하게 드러나지 않거나, 설명의 방법이 마땅하게 떠오르지 않을 때. 해답을 찾기 위해 그저 닥치는 대

로 읽고 정리하고 명상하는 것 밖에 없다.

(2) 생각대로 글쓰기(주로 논문)가 나아가지 않을 때. 더구나 연구실적에 대한 중압감이 클 때. 연구노트를 다시 읽고 명상을 하거나, 종교생활에 좀 더 많은 시간을 할애한다.

3.

(1) 공부 핑계로 가족, 지인들과 관계가 소원해 지는 것. 밀도 있는 시간을 함께 나누지 못하는 것.

(2) 교환가치가 없는 일을 직업으로 삼은 데에서 비롯한 경제적 곤란, 안정적이지 못한 직장으로 인한 실직의 불안.

4.

당장 떠오르는 테마는 없다. 근대문학의 종언 혹은 문학의 위기를 둘러싼 담론은 그저 비평 저널리즘에서 심심치 않게 거론되기도 하고, 일시적인 유행처럼 등장했다가 사라지기도 했지만, 그때마다 근대문학 연구자가 이에 대해 진지하게 고민한 바는 별로 없는 듯하다. 또한 교환가치를 지니는 지식들이 인문학이라는 이름으로 유통되기 일쑤이다. 특별한 이슈나 시세에 부합하는 것이 아니라, 근대기 이후 한국의 문학에 대해 아카데믹하게 사유하고 논변하는 일의 역할과 의의가 무엇인지 진지하게, 장기적으로 논의할 수 있는 주제를 찾으면 좋겠다. 하지만 나 스스로도 그런 주제를 아직 발견하지 못하고 있다.

5.

언제부터인지 선배들은 연구재단 프로젝트의 관리자로서, 후배들은 그 참여자로서 하는 연구에만 몰두하고 있는 모습이 매우 익숙해졌다. 근대문학 연구의 학문적 전통도 워낙 박약한 데에다가, 연구 의제의 명멸 주기는 점점 짧아지는 듯하다. 그 또한 이 시대, 이 나라에서 한국문학 연구의 숙명인지도, 연구자의 어쩔 수 없는 삶의 방식일지도 모르겠다. 그럼에도 불구하고 보다 원론적인 문학연구의 가능성과 방법을 부단히 모색하는 열정이 절실하다. 한편 학회, 학술대회, 학회지가 넘쳐나는 풍요로운 시대인지라, 선배들은 자신의 연구주제와 관련한 후배들의 연구를 두루 살펴보기 어렵고, 후배들은 선배들이 남긴 성과들을 온전히 돌아보기 어렵다. 지신(知新)과 온고(溫故)를 겸비한 박람강기(博覽强記)는 예나 지금이나 쉽지 않은 일이나, 연구자에게 중요한 덕목인 것만은 분명할 것이다. 남을 탓하기 전에 나 스스로 정진(精進)해야겠다는 생각이다.

40대 남성 기혼 박사졸업 10년 이하

▶ 숨은 그림 찾기

1.

숨은 그림을 찾는 듯한~ 소설 속의 수수께끼 풀이

2.

다른 연구자들의 논문이 엄청날 때, 그냥 내꺼 계속

3.

……

4.

근대 문학을 이끌고 간 욕망~

5.

열심히~

40대 여성 기혼 박사졸업 10년 이상

▶ 내 삶의 역사로서의 연구

1.

한국 근현대 문학에 관한 결핍이 연구를 갈망하게 하는 것인지도 모르겠다.

2.

견고한 벽, 철옹성처럼 느껴지는 현실의 울타리와 여러 장애 조건들 속에서 느끼는 무력함은 때로는 요원하지만 현실에 초연하게 할 때도 있는 듯. 비루한 현실을 상상의 힘으로 이겨낸다기보다 망각하면서 연구가 주었던 기쁨들만을 생각한다. 연구가 내 삶의 역사로 내 자신에게 기억되길 희망하면서.

3.

미래에 대한 불안, 한치 앞도 알 수 없어 연구하는 그 순간에 존재하고 생활은 대충 하자를 모토로.

4.

저작권과 작가의 탄생

리얼리티 재고-사실과 환상

5.

……

40대 여성 비혼 박사졸업 10년 이하

▶ 학술제도 연구를 희망

1.

길게 말할 것 없이, 여전히 재밌기 때문에.

2.

내 스스로 창의적인 시각이 없다고 느낄 때가 가장 고통스럽다. 이럴 땐 그저 '조급해 하지말고, 천천히 가자'고 생각하는 편. 마인드 컨트롤로 극복

3.

기본적인 생계유지도 힘들지만, 단지 이것만으로 스트레스를 받지는 않는다. 생활유지가 힘들 것이란 사실을 모르고, 이 길을 선택한 것도 아니지 않는가. 그럼에도 가장 힘든 점은 가족을 비롯한 친인척들의 곱지 않은 시선을 접할 때이다. 그들에게 인정받고 싶다는 게 아니라, 이 나이 먹어서까지 가족에게 작은 도움조차 주지 못하고 있다는 사실에 대한 미안함이 반영된 자조적인 비애다. 돈이 없기 때문에, 가족에게 발생하는 사소한 금전적인 위기에도 쉽게 마음이 흔들린다. 이런 일이 있었다. 아버지가 식사 중에 이가 빠지셨다. 경제여건이 그다지 좋지 못한 우리 가족에겐 아버지 치아 하나 해드릴 돈도 부담스러웠다. 그 순간, 아버지의 이 하나도 해 줄 수 없는 나의 현실이 원통했다. 아버지의 이는 여동생이 해줬다.

4.

이건 너무 많지만, 한 가지만 말하고자 한다. 위의 설문에 대한 응답을 학술적으로 접근할 수 없을까? 대학원생 연구환경 실태조사를 비롯하여, 인문학 연구자로 살아간다는 것이 점차 우경화되고 있는 한국사회에서 어떠한 학술적인 의의가 있는 것인지를 엄밀하게 고찰하는 특집을 기획하고 싶다. 인문학 대학원생이 힘들다는 것이 구체적으로 어떻게 힘들다는 것인지, 분명한 경제적인 지표를 통해 해명하거나, 대학원생이나 연구자가 처한 경제적 조건과 생활이 학술적으로 어떻게 반영, 상쇄, 전치되고 있는 지에 대한 학술적이면서도 계급적인 접근이 필요한 것 같다. 학진 문제나 강사법 제정을 비롯하여, 국가의 시혜적 차원의 구제(?)를 기대하는 방식으로 제기되는 여타의 문제제기를 넘어, 이제 연구자 스스로가 할 수 있는 일에 대한 엄밀한 해석과 지평이 필요한 것 같다. 동시에 아카데미 밖의 학술공동체가 한국 지성사에 끼친 영향을 분석하고, 현재 진행 중인 노동자들의 투쟁이나 여타의 사회운동과 문학연구가 어떻게 접속가능한지를 묻고 싶다. 또한 학술연구의 방향과 국가의 정책기조, 학술관련 제도 정립, 연구비 지원 등과 어떻게 상관적으로 구성되는지 등을 고찰하는 자리가 필요한 것 같다.

5.

우리가 점차 대중과 유리되고 있는 것은 아닌지 고민하고, 사회운동에 함께 참여합시다.

30대 남성 비혼 박사수료

▶ 별똥별의 궤적

1.

별똥별, 똥이 되는 공포를 알기에…… 혹은 삶은 지루함을 견디며 지속되어야 하므로

("한 번 궤도를 이탈함으로써 두 번 다시 궤도에 진입하지 못할지라도 캄캄한 하늘에 획을 긋는 별, 그 똥" - 김중식의 '이탈한 자가 문득' 중에서)

2.

논문이 '수정후 재심사' 판정이 나왔을 때, 나를 비참하

게 만드는 심사자의 혹평에 마음 상했을 때, 학술 발표회장에서 공개적으로 망신을 다했을 때, 심리적 타격과 함께 슬럼프에 깊이 빠져든다. 자기 최면을 통해 극복한다. 망각의 시간을 견딘 후에야, 자신의 상처를 어루만질 수 있다.

3.

끼니는 가깝고, 희망은 멀다. 현실이 불안으로 충만하면, 연구자의 장기적 목표는 자연스럽게 도태된다.

4.

'한국적 문학연구 방법론은 가능한가 - 서구 담론의 융단폭격과 한국문학 연구의 진지전'

'마이너리티 문학의 반란'

5.

그래도 문학연구를 하고프면, 자신만의 의미를 찾아라. 그리고 후회하지 말아라. 어떤 상황에서도 의미를 복기하며, 너의 길을 가라. 소실점으로 없어질 때까지……

40대 남성 기혼 박사졸업 10년 이하

▶ 살아가는 이유

1.

읽고 보고 쓰는 것 말고는 하고 싶은 일이 없었고 지금도 그렇다. 이 일들을 할 수 없게 되면 살아갈 이유도 별로 없을 듯하다.

2.

남들과 똑같은 방법론을 되풀이하고 있다고 느낄 때. 일단 외부와 단절하고 '내가 하고 싶은 게 무엇인가' 골똘히 생각하는 시간을 갖거나, 반대로 난삽하고 두서없이 이것저것 읽고 보면서 모색기를 보낸다.

3.

주변의 존재들(사람이건 동물이건 식물이건)을 돌볼 여유가 없어서 문제가 생길 때 회의가 든다. 인문학은 결국 나 혼자 무언가 성취하자고 하는 게 아닌데……

1. 연구를 계속할 수 있는 힘은 어디에서 나오는가?
2. 언제 슬럼프에 빠지고, 어떻게 극복하는가?
3. 연구자일 뿐만 아니라 생활인으로서 어떤 고충을 느끼는가?
4. 내가 학술대회를 기획한다면?
5. 선후배 연구자들에게 하고 싶은 말이 있다면?

4.

외국 문학 또는 문화와 한국 문학의 교섭 관계. 단순히 외국문학 작품의 번역이나 작가간 영향관계가 아니라 문화적 차원에서의 상호관계를 파헤치는 작업이 필요하다 생각한다.

5.

읽고 보고 쓰는 것만으로도 시간은 충분히 부족하다. 불필요한 정력과 감정의 낭비를 줄이고 서로의 시간을 존중하는 방향으로 환경과 제도를 재편하면 어떨까.

40대 여성 비혼 박사졸업 10년 이상

▶ 부끄러움에서 깨달음으로

1.

지난 날 내 연구에 대한 부끄러움, 늘 새롭게 깨닫게 되는 진리.

2.

나의 무지함과 게으름에 좌절할 때마다 결코 탁월해질 수 없는 나의 한계를 인정하고 이류 연구자이지만 조금이나마 의미 있는 연구 성과가 나오도록 더 열심히 노력해본다.

3.

하고 싶은 공부보다, 먹고 살기 위해 해야 하는 연구나 강의가 점점 더 늘어만 간다.

4.

1970년대 잡지 연구 - 단순한 『창비』, 『문지』의 대립 구도를 넘어.

5.

늘 변함없이 학문에 정진하는 상허학회 연구자들이 있어 열심히 연구하고 싶은 동기부여가 됩니다.

30대 여성 기혼 박사졸업 10년 이하

▶ 모호한 울분으로부터

1.

정체가 모호한 흐물흐물한 울분.

2.

연애편지를 끊임없이 보내지만 답장을 받지 못할 때나 쓰던 곳에서 한 발자국도 나아가지 못할 때. 아무것도 하지 않는다. 그냥 스스로를 구경하며 버틴다.

3.

은행 창구 앞에서 나의 경제적 가치를 대출가능액으로 환산하는 순간…… 멘붕이다.(빈한한 것도 서러운데 빌릴 수 있는 돈도 쥐꼬리)

4.

굳이 나까지 기획에 나설 필요는 없을 듯.

5.

겁먹지 마세요. 알고 보면 별 거 아닙니다.

부러워 마세요. 가만히 보면 당신도 특별합니다.

40대 남성 박사졸업 10년 이하

▶ 주눅 들지 말고 당당하게!

1.

인간을 사랑하며 문학을 통해 드러나는 인간 삶의 정신과 형태화 방식에 관심이 남아 있어서.

2.

경제적 곤란과 학문적 열등감이 찾아올 때, 친구들과 술을 마시며…… 혹은 자빽이라도 하며…… ^&^

3.

돈문제, 육아문제, 막막한 미래문제……

4.

(1) 제도적 차원에서 : 문학을 포함한 인문학 전체의 미래에 대한 선도적 대안모색의 문제 → 신자유주의적 흐름에 동의하지는 않지만, 과거의 제도로는 현재상황이 돌파되지 않는다는 것도 명확한 현실. 문학을 포함한 인문학의 미래를 제도의 차원에서는 어떻게 마련해야 하는지를 모두 고민해보자는……

(2) 학문적 차원에서 : 앞으로 학생들은 무슨 주제로 박사논문을 쓸 것인가? 그것이 학계의 주류적 담론으로 정착될 수 있을 것인가? 새로운 주제 영역을 개발하고 제시하는 선생 세대의 고민이 담긴 논의들.

5.

– 선배와 동료들에게 : 비록 너무나 누추하기는 하나, 그래도 무엇인가를 가진 세대라는 자각을 가지고 미래를 향해 고민하고 질문하는 모습을 선도적으로 제시해야 하지 않겠는가?

– 후배 세대 : 주눅 들지 말고, 당당하게! 길이 원래 있는 것이 아니라 많은 사람들이 걸어가면 길이 된다는 노신의 말을 가슴에 새기고!

50대 남성 기혼 박사졸업 10년 이상

1. 연구를 계속할 수 있는 힘은 어디에서 나오는가?
2. 언제 슬럼프에 빠지고, 어떻게 극복하는가?
3. 연구자일 뿐만 아니라 생활인으로서 어떤 고충을 느끼는가?
4. 내가 학술대회를 기획한다면?
5. 선후배 연구자들에게 하고 싶은 말이 있다면?

▶ 이 삶도 길이었음을……

1.

시간차 배열: 열등감(아주 옛날) → 분노(옛날) → 친구(지금)

2.

– 연구 프로젝트에 연거푸 낙방했을 때

– 비오는 날, 연고 없는 지방대에서 강의하고 걸어 내려올 때

– 내 글이 아무렇게나 "1편"으로 처리될 때.

시간차 배열: 요리하기 → 밤낚시

3.

내 좋아서 시간과 품을 들이다가도 문득문득 미련한 짓이라고 생각한다. 성과나 논문 숫자 경쟁에서 뒤처질 것 같아 눈 딱 감고 속성 제조되는 글을 기획한다. 강의

없는 방학 때, 아내가 마이너스 통장에서 용돈을 꺼내 줄 때 약간 미친다.

4.

조선, 동아일보 100년사, 그 문학(화)적 실타래

5.

꼭 살아남아 내 삶이 또 '길'이었음을 입증해야겠다.

40대 남성 기혼 박사졸업 10년 이상

▶ 세계와 인간의 이해

1.

이왕 시작한 길 '세계와 인간에 대한 이해'는 멀었다.

2.

내가 진정 좋아하는 일은 무엇인가 묻는다.

내가 하고 싶었던 일은 무엇인가 묻는다.

3.

8년차 봉급쟁이. 하루하루 생활인이 되어가는 것이 스스로 안타깝다.

4.

'문학의 고전'이라는 이름으로 고전을 새로 세우거나 비판하거나.

5.

후배에게 : 지금 하고 있는 일이 최선입니다. 그 공부에서 끝장을 보세요.

선배에게 : 내 말 누가 듣겠나. 건강하세요.

40대 남성 기혼 박사졸업 10년 이상

▶ 연구는 자기성찰의 힘

1.

문학이 인간다운 세상을 만든다는 생각, 나를 나태에 물들거나 세속적 관행에 빠지지 않게 하는 것이 문학연구라고 생각하고 그것이 나로 하여금 문학연구자로 남아 있도록 하는 원동력이다. 직장생활을 하고 있으므로 연구를 안 해도 되는데 그렇게 되면 기능적이고 세속적인 인간이 될 것 같다는 생각이 든다.

2.

직장 생활을 하고 있기 때문에 연구하고 싶은 과제가 있거나 읽고 싶은 책이 있어도 시간적 제약을 많이 느끼는데 그럴 때에 슬럼프를 느낀다. 그래도 어려운 과정을 거쳐 맘에 드는 논문을 쓰면 극복이 된다. 마음에 들지 않는 논문을 쓰는 경우가 더 많아 문제이다.

3.

직장 생활을 하고 아이들을 키워야 하는 입장에서 내가 하고 싶은 일만 할 수 없다는 점, 그리고 장기적으로 계속 이런 상태가 지속될 것인지에 대한 불안감이 있다.

4.

관행처럼 지속되고 있는 문학 연구에 대한 반성, 학문 제도사에 대한 비판적 성찰, 한국문학 연구사에 대한 성과와 문제점의 분석 등을 포함하고 있는 학술대회 기획

5.

동시대를 살아가는 비정규직, 혹은 계약직으로 연구 생활을 하는 동료, 선배, 후배들을 보면 안쓰럽다. 굳건히 잘 버티면서 공부하자는 말밖엔……

40대 남성 기혼 박사졸업 10년 이상

▶ 작품을 통한 삶의 통찰

1.

현대 문학 작품을 만나는 그 자체가 힘의 원천입니다. 작품을 통해 삶의 본질에 대한 깨달음을 얻을 때 희열을 느낍니다. 삶의 본질을 통찰하는 시구 하나, 삶의 어느 한 단면을 정확하게 짚어내는 문장 하나를 만날 때 기쁨은 배가 됩니다. 이런 일련의 과정을 토대로 강의를 하는 것도 큰 기쁨입니다.

2.

강의도 똑같은 내용으로 진행되고 새로운 연구도 진전이 안 될 때, 즉 매너리즘에 빠질 때 슬럼프가 옵니다. 이때 좋은 작품을 만나기를 기대하면서 현대문학사에서

주목하지 않았던 작가나 작품들을 마냥 읽다 보면 새로운 해석도 가능하고 주목하지 않은 작가에 대한 의미 부여도 하게 되어, 주어지는 대로 작품을 읽습니다. 학기가 끝나고 여행을 하는 것도 도움이 됩니다.

3.

어느 한 쪽에 무게 중심이 쏠리지 않도록 균형을 잡아 나갑니다. 여자의 경우, 공부하는 일과 집안일 혹은 가정사의 모든 일들을 꾸려내는 일이 쉽지 않은데요. 균형을 잡아가기 위해 한 쪽이 기울어질 때, 다른 쪽의 무게를 줄입니다. 즉 다른 쪽의 희생을 강요하는 일이라면 그 일을 과감히 포기합니다.

4.

기존에 나와 있는 '현대문학사' 연구서들을 보면 대부분 남성작가 중심의 문학사임을 알 수 있습니다. 이런 불균형한 점을 다각도로 살펴본 후, 균형 잡힌 문학사를 위해 제언을 할 수 있는 연구에 관심이 있습니다.

5.

각자 자신을 사랑합시다. 자신을 진정 사랑하기 위해서는 자신의 긍정적 자아뿐만 아니라 부정적 자아와도 화해해야만 가능하다고 생각합니다. 이렇게 자신을 사랑하다보면 주변에 있는 선후배도 사랑하게 됩니다. 나를 사랑하지 않고 어떻게 남을 배려하고 사랑할 수 있겠습니까? 각자 자기 자리에서 자신을 성찰하고 보듬고 하다 보면 주변도 보이지 않겠습니까?

50대 여성 기혼 박사졸업 10년 이상

▶ 삶의 변혁에 참여할 수 있는 연구를

1.

박사졸업 후 그래도 전공공부를 계속할 수 있다는 것이 이 길을 계속 걷게 하는 동력이 아닐까 싶음.

2.

공부를 계속 해서 먹고 살 수 있을까 하는 생존의 고민, 또는 지금 하고 있는 연구가 의미 있는 것일까 하는 연구자로서의 근본적인 고민이 들 때.

3.

프로젝트 아니면 강의가 생계수단이라는 점에서, 프로젝트가 끝나고 나면 또 생계에 대한 고민을 해야 한다는 것.

4.

연구자의 포지션과 관련된 문제들, 대중적 인문학, 인문학의 정치성이란 과연 가능하고 타당한 것인가 등등.

5.

연구도 삶의 일부라면 이 삶의 개혁에 어떻게 함께 참여할 수 있을 것인가를 같이 고민했으면 하는 바람.

40대 여성 비혼 박사졸업 10년 이상

▶ 자기혐오로부터 변화로

1.

시작은 자기혐오였다. 옹졸하고 변덕스럽고 자기중심적인 나를 바꾸고자 하는 일종의 자기수양의 태도에서 출발한 것 같다. 물론 '문학'이 타인의 삶과 세계를 이해하고 자신을 변화시키는 탁월한 공부길의 하나임에는 틀림없지만, 자기수양의 목적에 비춰볼 때 반드시 '문학'일 필요는 없었다. 하지만 문학을 공부하면서 더 많은 삶, 더 여러 겹의 세계를 알아가게 될수록, 다른 분야가 주지 못하는 독특한 '개방'의 힘이 있다고 느낀다. 물론 '수양'이 될 턱은 없지만, 그 개방의 힘에 몸을 맡겨 스스로 변화하고자 하는 바람이 지금의 연구를 지속시키는 힘이 되고 있다고 생각한다.

2.

변화하고자 하지만 돌아보면 언제나 같은 틀 안에 갇혀 있었다는 걸 깨달았을 때, 늘 비슷비슷한 어휘와 문장을 구사하고 있다는 걸 알면서도 새로운 말을 찾아내지 못하며 상상력의 일천함을 절감할 때 무기력을 느낀다.

근본적으로 슬럼프를 이겨낼 수 있는 방법은 잘 모르겠다. 개인적으로 연구자라면 자신의 '무기력'을 느낄 수밖에 없고, 또 느껴야 한다고 믿는다. 하지만 물심양면에서 '활기'가 없어선 안 된다고도 생각한다. 몸과 마음을 다시 움직이게 하기 위해서는 최대한 생활과 사고를 단순하게 하려 애쓰고, 당장 써먹을 데 없는 책들을 본다. 또는 힘든 운동을 하거나 등산을 하거나 몸을 혹사시키는 방법도 나쁘지 않은 것 같다. 요컨대 '무관심'한 상태를 일정 시간 유지하는 것이 도움이 된다.

3.

모두 비슷하겠지만, 역시 가장 큰 고충은 경제적인 것에서 온다. 그렇지만 더 정확히 말하자면, 경제적인 것을 포함해서 '세상사는 법'에 도대체 익숙하지 않다는 사실에서 오는 것 같다. 돈벌이도 변변치 못하면서 아끼고 절약하는 법도 잘 모르고, 자존심은 강하면서 자기를 차별적으로 어필하는 방법도 잘 모른다. 장롱면허에, 흥정도 서툴고, 부당한 대우를 받았어도 대거리도 제대로 못하고, 사무적인 '대인관계'에서도 늘 어딘가 어색하기만 하다. 게다가 이런 '서툶'을 짐짓 연구자의 '영광의 상처'라도 되는 듯이 방치해 온 것만 같다. 잘 살아남아야 할텐데…….

4.

개인적으로는 미학적인 '키워드'들을 역사적인 연구와 결합시킬 수 있는 몇 개의 협동연구팀을 구성해서 연속적인 결과발표가 이루어지면 어떨까 한다. 예를 들자면, '새로움', '가시성', '모방' 등…… 하지만 미학 개념을 역사적인 구체에 적용하는 방식으로가 아니라 서로 충돌시키는 형태로……

5.

사실, 공부하는 일이 순전히 자기만족에 그치는 것 아닌가 하는 생각을 늘 가지고 있다. 자기 연구에 대한 성취감도 실망도 결국 자기가 만든 기준에 따른 것일 뿐, 거창하게 무슨 '연구사적 기여' 따위가 있기나 한가 하는 생각을 지울 수 없다. 더욱이 정부재원에의 의존도가 높아지는 만큼 끊임없이 '연구성과 산출'의 압박도 강화되면서 연구(자)들은 점차 고립되어가는 듯하다.

그럴수록 서로 존중하고 의지하면서 생각을 나눌 수 있는 자리들을 가지려 노력했으면 한다. 비록 아무도 이 길을 가라 하지 않았지만, 함께 걷고 있다는 것으로 힘을 주고받을 수 있는 즐거운 자리들을 만들기 위해 노력했으면 한다.

40대 남성 비혼 박사졸업 10년 이상

1. 연구를 계속할 수 있는 힘은 어디에서 나오는가?
2. 언제 슬럼프에 빠지고, 어떻게 극복하는가?
3. 연구자일 뿐만 아니라 생활인으로서 어떤 고충을 느끼는가?
4. 내가 학술대회를 기획한다면?
5. 선후배 연구자들에게 하고 싶은 말이 있다면?

▶ 한국 근대문학에 대한 연민

1.

박사논문을 쓴 지, 2년밖에 안 된 터라 과연 스스로가 '연구자'의 길을 가고 있는지 의심스러운 상황이지만 그럼에도 불구하고 이 질문에 감히 응답해 본다면 : 캔디, 제인 에어, 바르트를 좋아했던 문학소녀가 한국 근대문학 연구자의 길을 가게 된 것은 지극히 단순한 개인적인 동기들에 의해서인데요. 어릴 적부터 책을 좋아했다는 사실, 믿거나 말거나지만 인형보다 책을 사주면 더 좋아했다고. 어찌됐든 책 읽을 때만큼은 아무에게도 방해받지 않고 온전히 나만의 시간을 가질 수 있다는 그런 느낌이 언젠가부터 무척 좋았고 책세상으로 들어가 그 시공간이 주는 절대성을 어렴풋이 알아가는 그런 과정들이 좋았어요. 그런데 그런 과정들이 궁금해지기 시작했고 왜 그 작가는 그 소설에서 그런 시공간을 설정했을까. 주인공은 그 이후로 어떻게 됐을까. 그런 걸 어떻게든 이해해보고 싶은 생각이 들더라구요. 그런데 마침 학부 때 소설론과 소설사를 가르쳐주셨던 선생님이 "대학원에서 공부해보지 않을래"라며 지나가다 우연히 던진 한마디에 혹해서 대학원에 진학하기로 결정했지요. 나중에 안 사실이지만 그냥 해 보신 '빈말'이셨고 정말 대학원에 가겠다고 진로상담했을 때는 말리기까지 하셨으니까 완전히 '낚인' 셈이죠.

사실 대학원을 오기 전에 중등교사 임용을 준비하고 있었는데, 부모님의 간절한 바람이기도 했고, 제가 태어난 곳에서는 학교에서 공부 좀 한다하는 여학생들이 밟는 전형적인 코스였지요. 그런데 교생실습과 기간제 아르바이트를 거치면서 '아, 평생 똑같은 '선생질'을 해야 하는 건가'(사실 지금 생각하면 더 나을 것도 없는데 말이죠.) 하는 생각에 덜컥 겁이 났고, 24살에 인생에 뭔가를 결정한다는 것은 무척 어리석은 일일 거라고 생각하고 부모님을 '감히' 설득했어요. 안 믿으실지 모르겠지만 저는 그때까지 부모님 의향에 어긋나는 일을 거의 한 적이 없었는데, 그때만큼은 용기내서 공부를 좀 해 보고 싶고, 그래서 대학원에 가야겠다고…… (한참 뜸을 들여) 시집갈 때 주실 돈 미리 좀 쓰시면 안되겠냐고 했더니, 대학도 서울대 못 갈거면 그냥 집 가까운데 가라고 했던 고루하고 완고한 아버지는 뜻밖에도 그러라고 하셨고 인생에서 처음으로 부모님과 집으로부터 해방되어 대학원에 진학하게 됐던 게 벌써 10년도 더 된 일이네요. 제게 대학원은 제2의 인생과 같은 것이었는데 그래서였는지, 여기서 겪는 모든 일들은 진기하고 새롭고, 그래서 힘들어도 힘든 줄 몰랐던, 한참 오르다 보니 그제야 '아, 내가 이렇게 힘든 곳을 거쳐 왔구나' 싶은 그런 기분이예요. 이렇게 써 놓고 보니 불빛이 좋아서 제 몸이 타는 줄도 모르고 불근처에서 놀고 있는 철없고 한심한 '불나방'같은 제 처지가 한숨이 나올 정도로 부끄럽네요.(그래서 미리 서두에서 '연구자'라고 감히 입에 올리기가 민망하다고 미리 말씀 드린 것임!!!)

대학원에 와서 가장 크게 자극받았던 것은 제가 그동안 신처럼 떠받들었던 문학이 비루하고 남루하고 너저분하고 하찮다는 걸 인정하는 것이었어요. 석사 첫 학기 수업에서 문학이 뭐 그렇게 대단한 것이냐는 논쟁에서 일종의 절망을 느낀 후, 저는 스스로를 수긍시킬만한 나름의 답을 찾고 싶었어요. 마치 영화 〈콘택트〉에서처럼 각자가 믿는 것, 그것이 종교든 과학이든, 문학이든, 그 믿음의 대상이 무엇이든, 그걸 어떻게 받아들일 건가? 저에겐 한국 근대문학이 그랬어요. 그럴듯한 소설 한편 없다는 식의 비루한 문학, 그 출발이 어떠했는지를 자세하게 들여다보고 싶었고 마냥 알고 싶었고 이해하고 싶었고 그래서 연민이 생겼다고 해야 할까요. 연구자의 길에 들어서게 한, 또는 이 길을 계속 걷게 하는 힘의 원천은 바로 그런 것들에 대한 저의 감정들을 그냥 지나치지 않고 붙잡아서 마주보고 싶었고 오래 응시하고 귀기울여주고 보듬고 주고 싶었던 생각에서이지, 뭔가 거창한 것들이 아니네요.

2.

제가 다닌 학교는 주로 방임형 지도가 일반적이라 수료를 하고 나면 본인이 특별히 세미나나 학술행사에 적극적으로 나서지 않는 한, 아주 친하지 않고는 누가 뭘 하고 있는지 몇 년이 지나도 모르는 경우가 다반사예요. 저는 개인적으로 운이 좋은 경우라 선배나 선생님들과 세미나를 하면서 자료나 이론서들을 많이 챙겨 보았지만, 잡지나 신문 세미나는 몇 년을 걸려서 해도 결과가 쉽게 뚝딱 나오는 것이 아니니 만나는 사람들마다 뭐 공부하고 있냐고 물을 때마다 대답하기가 참 곤란한 적이 많았어요. 열심히 하고 있는데도 결과가 나오지 않을 때, 아니 눈에 보이는 결과가 나오지 않는다고 스스로 조급할 때, 그럴 때 슬럼프가 왔던 것 같아요. 그렇다고 본인이 하고 있는 공부들을 허심탄회하게 이야기하는 그런 분위기도 아닌 것이 모두가 자기 연구에만 몰두하고 다른 연구자들의 이야기를 충분히 들을 여유가 없거나 심한 경우에는 남의 아이디어들을 양해 없이 선점해 버리거나 은근슬쩍 자신의 연구테마로 삼아

1. 연구를 계속할 수 있는 힘은 어디에서 나오는가?
2. 언제 슬럼프에 빠지고, 어떻게 극복하는가?
3. 연구자일 뿐만 아니라 생활인으로서 어떤 고충을 느끼는가?
4. 내가 학술대회를 기획한다면?
5. 선후배 연구자들에게 하고 싶은 말이 있다면?

버리는 경우를 목도하고는 이 바닥의 생리에 정나미가 떨어졌다고 해야 할까요. 연구하는 과정에서 가장 무기력해지는 연구를 통해서 뭔가를 얻고, 배우고, 감동하는 것이 아니라 실망감과 허망함, 상실감 이런 걸 느낄 때였던 것 같아요. 극복방법요? 잊어야죠. 조급증이든, 무력함이든. 잠이든, 술이든, 수다든, 여행이든, 운동이든, 뭘 해서라도 최대한 잊고, 아니 잊은 척 뇌를 세뇌시키고 그리고 스스로에게 최면을 걸어야죠. 더 재미있게 더 즐겁게 더 잘 공부할 수 있다고.

3.

하우스푸어가 시대적인 화제로 떠오르고 있을 때, 어떤 세미나 뒤풀이에서 고학력자들의 고충이 토로됐던 적이 있어요. 사실 제 주변의 연구자들은 먹고 사는 얘기들을 구구절절이 하지는 않는 편인데, 그날은 정말 리얼한 토크가 돼서, 한 연구자 선생님의 조카는 정말 공부와는 거리가 멀게 살다 겨우 2년제 전문학교를 졸업하고 저러다 취직이라도 하겠냐는 주위의 걱정에도 불구하고 어떤 중견 회사에 입사했는데 초봉이 3500이라고, 그 선생님 말씀이 10년 넘게 공부해서, 10년 넘게 강사생활 하고 있는 자신보다 낫다고 한탄하셨어요. 해마다 생활고로 사망하는 비전임 강사들의 기사들은 이제 너무 흔해서 안주꺼리로도 안되는 게 현실이죠. 그나마 강의 자리라도 있으면 좋은 거구요, 연구원도 연봉으로 계산하면 더 나을 것도 없다고 하질 않나, 최근에는 강의시수 제한하는 곳도 있다고 하니 애초에 '아무짝에도 쓸모없는' 무용한 인문학을 선택하여 무전유죄를 실천하고 있는 스스로를 위로할 밖에요.

4.

한국문학 연구는 점점 세분화되면서 한편으로는 새로운 분야로 확장되고 있는 경향이 뚜렷해지고 있는 것 같은데, 그런데 저만 그런건지 모르겠지만 그러한 세분화와 확장 속에서 진행되는 학술대회의 성격은 '그들만의 리그'처럼 느껴질 때가 종종 있어요. 분과학문의 경계를 무너뜨리고 넘나들어야 한다, 통섭해야 한다면서도 사실상 그런 연구들은 그다지 설 자리를 좀처럼 얻지 못하고 점점 구획안으로 포섭되는 것들만 다뤄지는, 이른바 최근 진행되고 있는 주류 담론이나 주제에만 집중되는 경향이 있는 것 같다는 생각이 들어요.

5.

점점 공부하는 '친구'들이 귀해지면서 주변에 원래 친구였던 이들보다 공부를 통해 친구가 되는 그런 경우가 점점 많아지고 있는데, 이 업계에서는 모두가 '선생님'으로 호칭되니 처음부터 생긴 '선생님'이라는 세 글자의 거리는 좀처럼 좁혀지지 않는 것 같아요. 물론 호칭은 그다지 중요한 문제가 아닐 수 있겠죠. 서로 선생님이라고 불러주는 연구자들끼리의 교류는 상대에 대한 존경, 학문이라는 장 안에서의 차별없는 평등을 느끼게 해 주는 어쩌면 매우 이상적인 것일 수 있지만 한편으로는 비인격적이라는 느낌 때문에 여전히 거리감이 있어요. 제가 선배 연구자들에게 선생님이라고 부를 때는 잘 몰랐지만, 후배 연구자에게 제가 그렇게 불려지니 그런 문제에 대해 고민하게 되더라구요. 여전히 학생 모드인 (어떤 연구자는 그런 걸 '학생 코스프레'라고 하더라구요) 제가 그들에게 선생님으로 불릴만한 자격이라도 있는지…… 대략 난감하고 어찌할 바를 모르겠더라구요.(선배 연구자들은 어떻게 대처하셨는지?)

글로 만났을 때나 직접 대면했을 때 그 학문적 깊이와 사람됨에 감동을 받을 때가 많고 그럴 때 공부를 통해서 만나는 인연들에 대해 새삼 고마움과 감사를 느껴요. 부디 그러한 감동들이 더 많이, 더 널리 감염될 수 있었으면 합니다.

30대 여성 비혼 박사졸업 5년 이하

▶ 함께해서 행복한 공부길

1.

– 연구자의 길에 들어서게 한 힘: 공부하는 재미– 대

학원 시절, 근(현)대문학 전공자들이 공부를 제일 열심히 하는 걸로 판단했고, 상허학회 사람들과 공부(세미나)하면서 평생 이 일을 해도 행복하겠다고 여겼음.

– 지속하게 하는 힘: 다른 일이 재미가 없음, 논문을 탈고한 후 느끼는 만족감, 논문 쓰는 재미.

할 수 있는 다른 일이 없음(하고 싶은 다른 일도 없음).

2.

– 슬럼프: 더 이상 논문을 쓸, 새로운 주제를 잡을 힘이 없을 때 → 시간에 쫓겨 공부를 지속적으로 못 하거나 자료만 읽으면서 시간을 보낼 때 공부하는 감각을 잃었다는 생각을 하게 됨.

: 건강이 뒷받침되지 못할 때 슬럼프가 찾아옴/ 혼자 공부하는 데서 오는 한계.

: 4번 같은 항목에 쉽게 답을 쓰지 못할 때도 좌절감을 느낌 → 위축됨. 며칠 동안 자신감 상실.

– 극복: 전공서적이 아닌 좋은 책 읽기, 논문이 아닌 글쓰기: 뇌를 다른 영역에서 놀게 함.

그러나 극복할 수 있는지는 모르겠음. 요즘 슬럼프임.

3.

– 연구실에서 혼자 지내는 것이 가장 편하다고 느낌. 사람 만나고 수다 떠는 것이 귀찮아지게 됨. 그래서 대인관계가 점점 서툴러짐(어려워짐): 인문학적 마인드가 없는 사람과는 대화도 하기 싫어짐ㅜㅜ

– 경제논리로 돌아가는 학교(행정, 윗사람들)에 적응하는 것 자체가 엄청난 스트레스임.

4.

– 전공영역 공부(연구)와 교육(강의)이 별개의 일로 여겨짐. 근현대문학 연구자들이 모두 국문과 교수가 될 수 있는 현실이 아닌데, 이 연구자들이 연구와 교육을 연계할 수 있는 방법, 근현대문학 연구자들이 인문교양수업에서 전공연구와 연계하여 제 역할을 할 수 있는 방법.

5.

–『쉬플레망 상허』 기다리겠습니다. 슬럼프 극복하는 방법 등은 정말 꼭 조언을 듣고 싶습니다.

– 상허!!! 제30대에서 가장 큰 자리를 차지하고 있는 이름.

공부할 때 가장 신났던 시기가 상허학회 사람들과 세미나할 때였습니다. 고맙습니다.

특히 박헌호 선생님께요~

40대 여성 비혼 박사졸업 10년 이하

▶ 어려울 때 소주 한 잔

1.

생각해보면 세상에 대한 발화욕망이 결국 연구자의 길에 들어서게 한 계기였던 것 같다. (물론 당시에는 연구자가 이런 건지 전혀 몰랐지만……) 계속할 수 있게 된 동기도 내가 중요하게 생각하는 삶의 가치를 잃어버릴 수 없다는 그런 자기의지 때문이 아닐까…….

2.

박사과정을 막 수료하고. 나름 석박사과정 열심히 공부했지만, 딱 수료하고 나니 할 수 있는 게 아무것도 없었다. 스스로가 한심하고 비참했었다. 우연하게 방송대에서 강의를 하고 연구소에 나오면서 자연스레 극복되었지만, 그 당시 이런 감정조차 감내해야 하는 것이 연구자로서의 삶이구나라는 생각을 하게 되었다. 앞으로도 또 언제 그런 일이 올지 모르지만, 그때는 조금 여유롭게(?)이겨낼 수 있지 않을까…… 싶다.

3.

이걸 나열하자면 끝도 없을 것이다. 30대 중반 남성 사회인으로서 해야만 하는 의무들. 지금 현재하고 있는 게 별로 없다……. 대부분 금전적인 것과 관련이 되어 더욱 그렇지만. 다만 이제 과정을 마치고 곧 논문을 쓰면 조금은 좋아지지 않을까 하는 희망도…….

4.

한국근현대사회에서 사회주의라는 이념 혹은 지식이 만들어낸 변화의 문화사.

5.

어려울 때 함께 소주 한 잔 나눌 수 있는 사이가 되었으면. 나이들수록 그런 선후배가 생각보다 별로 없는 것 같아 조금 슬프다. 나부터 노력해야겠지만.

30대 남성 비혼 박사수료

▶ 왜 꼭 수도권에서만?

1.

대학 졸업 당시 특별히 하고 싶은 일이 없었다. 떠돌아다니는 여행자가 되고 싶었는데 체력도 약했고 그렇다면 책상에 앉아서 돌아다녀야겠다 싶어 문학 연구자가 되었다. 지금도 그렇다. 문학 연구를 하며 이전 세대가 꿈꾸었던 유토피아를 확인하다보면 힘내서 애써서 세상을 좋게 변화시켜야겠다는 책임감이 생긴다. 현재로서는 그런 생각을 포기하지 않게 해주는 게 문학연구다.

2.

박사 논문을 쓸 때가 가장 괴로웠고, 그 후로는 함께 공부했던 동료들이 뛰어난 논문을 쓰는 걸 볼 때 종종 무기력해진다. 하지만 기형도의 말마따나 〈질투는 나의 힘〉이다. 질투를 연구욕으로 승화시켜 몇 달 정도 활활 불타오르면 막혀 있던 방향도 보이고 생기를 되찾는다. 이렇게 해도 그대로면 학회에 서둘러 발표 신청을 하거나 가까운 연구자들에게 '전화질'을 한다. 다행히 그들이 이런 마음을 눈치채고 '나도 그래' 해주면 동병상련, 안정을 되찾는다. 대체로 2년 단위로 이런 과정이 되풀이된다.

3.

강의가 많아 연구 시간을 충분히 확보하기 어렵고, 일단은 '무늬만 주부'라도 주부라서 챙겨야 할 일이 있다. 해외 포닥을 하고 싶어도 여건상 불가능하다. 그러나 무엇보다 박사 논문을 쓸 때처럼 '혼자만의 시간'을 확보하는 게 가장 어렵다. 또 비수도권에 살다보니 자료 접근이 어렵고 연구자 간 교류의 장도 한계가 있다. 의욕 있고 재능 있는 연구자들은 대개 수도권에 있다. 비수도권은 연구 인력도 부족하고 연구 지원도 수도권에 비해 턱없이 부족하다. 학문후속세대는 말할 것도 없다. 한마디로 생활인으로 살기에 조금 여유로운 장점이 문학 연구자에게는 큰 단점이다. 지역의 연구자들이여, 단결하라! 소리높여 외치고 싶다.

4.

우리에게 동남아시아는 어떤 장소인가? 해방 후부터 1970년대까지 한국문학과 동남아시아의 관계랄까, 대략 근래 관심을 갖고 들여다보려는 주제이다.

5.

"앞에서 끌어주고 뒤에서 밀며" 학문공동체로서 후속세대에 책임감을 느껴야 한다. 이대로라면 지역 인문학은 거의 고사 상태에 빠진다. 연구의 즐거움에 혹하도록 미끼를 던지는 노력이 있어야 한다. 상허학회는 왜 꼭 수도권에서만 학술대회를 개최하나? 오고가는 운동이 필요하다.

40대 여성 기혼 박사졸업 10년 이하

1. 연구를 계속할 수 있는 힘은 어디에서 나오는가?
2. 언제 슬럼프에 빠지고, 어떻게 극복하는가?
3. 연구자일 뿐만 아니라 생활인으로서 어떤 고충을 느끼는가?
4. 내가 학술대회를 기획한다면?
5. 선후배 연구자들에게 하고 싶은 말이 있다면?

내다보기 위해 돌아보기

가야 할 길을 가늠하기 위해서는 지나온 길을 돌아보지 않을 수 없다. 학술대회를 중심으로 2000년대 한국 근대문학 연구의 발자취를 돌아보고, 아울러 상허학회 창립 20주년을 기념해 초창기 상허학회에 대한 짤막한 회상기를 싣는다. 황호덕 선생님이 작성한『상허학보』관련 통계도 허락을 얻어 첨부한다. 땀과 열정의 시간을 되돌아 새로운 활기로 이어질 수 있기를……

벗들과 술에 취해서*

2000년대 학술대회 풍속 初探

장문석
서울대 박사과정 휴학중

"학문의 길은 다른 길이 없다. 모르는 게 있으면 길가는 사람이라도 붙들고 물어야 한다."
(연암, 「北學議序」)

1. 학술대회, '學'과 '술'의 확대 변증

제게 주어진 주제는 2000년대 학술대회 스케치입니다. 미리 말씀 드리자면, 처음 2000년대 학술대회 주제 및 발표제목 목록을 받고서 순간 아득해졌습니다. 10년이라는 시간동안 쌓인 선학들의 고투가 가진 묵직한 무게감 덕분일 것입니다. 2000년대 끝자락에서야 학술대회를 '구경'하기 시작했던 저로서는 어디서 시작해야할지조차 막막한 것이 사실인데요, 이럴 때는 "과거로 되돌아가듯 거슬러 올라가면 거기 처음처럼 신선한 새벽이 있"다는, 스승이 기억했던 예전 한 절창의 목소리(「북한강에서」)에 귀 기울여 봄직도 합니다.

2001년 8월 22일 민족문학사연구소는 원주 토지문학관에서 〈21세기에 구상하는 새로운 문학사론〉을 내걸고 학술대회을 개최합니다. 그 자리에서 김동식 선생님은 「풍속 · 문화 · 문학사」라는 논문을 발표하는데요, 거기서 그는 이탈리아 미시사와 독일 일상생활사의 입론을 일람하고, 한국문학의 근대성에 대한 고고학적 탐색의 필요성을 성찰한 뒤, 풍속-문화론이라는 연구방법을 타진합니다. "풍속-문화론적 연구나 제도론적 연구는, 문학이란 고정된 제도가 아니며 자신의 내적 규칙을 반성하고 정당화하는 과정을 통해서 자율적으로 변화할 수 있는 영역이라는 사실을 인식하는 과정을 목표로" 한다고 분명히 밝힌 당시의 명제는,[1] 이제 10년을 되감아 학술대회의 풍경을 간략하게 소묘하게 될 제게도 여전히 울림이 됩니다. 저 역시도 10년래 한국 현대문학 연구를 지탱한 그 방법론에 따라, 학술대회의 내적 규칙과 그것을 둘러싼 맥락을 우선 살피려합니다. 다만 그것이 자율적으로 변화할 수 있는 영역인지, 변화해야 한다면 그 향

* 洪起文이 연암의 『醉踏雲從橋記』을 옮기며 붙인 제목을 조심스레 빌려와, 큰 제목으로 삼습니다.

1 김동식, 「풍속 · 문화 · 문학사」, 『한국 근대문학의 풍경들』, 들린아침, 2005, 31쪽.

방은 어디를 향할지에 대해서는 전혀 감을 잡지 못한, 몹시도 미흡한 시도일 따름이겠지만요.

풍속-문화론이라는 연구방법의 의의를 천명한 그 발표문에서, 그러한 연구의 모범적인 사례로 부각한 것은 임형택 선생님의 「18 · 19세기 '이야기꾼'과 소설의 발달」(1976)입니다. 전통시대에 소설이란 혼자 눈으로 조용히 읽는 것이 아니라 市井에서 여럿 앞에 낭독하던 것임을 밝히고, 소설이 가졌던 문화사적 맥락을 복원함으로 소설의 상업적 성격과 매체로서의 성격을 또렷이 부각한 기념비적인 그 논문 말입니다. 눈길을 끄는 것은 조선 후기 이야기꾼의 소설 낭독이 수행한, 사람과 사람 사이를 매개(medium)하는 역할입니다. 혼자서 묵독하는 것과는 다른 어떤 미디어 체험을 이야기꾼이 가능하게 했다는 말인데요, 이상하게도 학술대회를 말하는 이 자리에서 저는 우물가 앞에 모인 이야기꾼과 그 앞에 모인 사람들의 모습이 계속 떠오릅니다. 무슨 얘기냐면 이런 겁니다. 혼자 나중에 학회지에서 논문을 찾아 읽어도 되는데, 혹은 급한 사람은 발표회장에 가는 동료에게 자료집 한 권만 더 구해달라고 하면 되는데, 사람들은 왜 학술대회장에 모이는 것일까요. 몇 달을 기다리지 못해서일까요. 학술대회란 단지 논문만 있는 곳이 아닙니다. 청중들이 모이고, 종합토론이 있고, 또 뒷풀이가 있습니다.[2] 학술대회는 〈발표문〉+〈무엇〉입니다. 〈무엇〉이라는 '신성한 잉여'(임화)의 자리에는 사람과 사람 사이를 매개하는 미지의 어떤 것들이 기입될 것입니다. 저는 여기서 〈발표문〉+〈무엇〉을, 국문과의 오랜 농담의 전통에 따라, 학(學)+술(酒)로 새기고자 합니다. 학술대회는, 學과 '술'의 확대변증입니다.

여기서 '술'은 우선 뒷풀이일 것입니다.[3] 그러나 그 의미가 뒷풀이 자리에 그치는 것은 아닙니다. 어떤 의미에서 보면, 앎이라는 것 자체는 본질적으로 그것을 호상간에 주고받는 과정에서만 실체가 확인될 수 있는 무엇이기 때문입니다. 그렇기 때문에 앎은 지닌 자는 그 앎을 다른 사람과 어떻게 소통하고 교환할 것인가에 고민할 밖에 없습니다.[4] 한 편의 발표문이 발표자가 몇 달을 고민해 적어낸 하나의 앎(學)이라면 그것은 토론과 다른 사람들과의 소통('술')을 경유해 다시 그 자신 앎에로 귀환합니다. 이것은 이웃나라 춘추시대 孔夫子 학단의 경우도 마찬가지였습니다.

학술대회에서 '술'이란 각 논문에 대한 공식적인 토론, 발표가 끝나고 쉬는 시간 얘기되는 뒷이야기, 종합토론의 문답, 뒷풀이 자리의 화제, 그리고 그 과정에서 각자의 역할을 수행하는 행위주체인 연구자들과 그들 의사소통의 물리적 도구 및 매체 등을 포괄할 것입니다. 학술대회는 이렇게 말할 수도 있겠습니다. 학술대회란, 어떤 學이 여러 갈래의 '술'로 분기했다가 일정한 지점에 이르러서는 다시 어느 정도 통일성을 갖춘 學으로 회수되는, 유구한 역사를 거느린 과정을

2 이 글을 위해 학술대회 목록을 정리해 준 최은혜 동학의 느낌을 보탭니다. 생각보다 학술대회 목록을 정리하기 쉽지 않자, 그는 학술대회 발표문이 그 다음 호 학회지 논문으로 실리는 관행을 떠올리며 학회지를 찾아볼까 생각했다고 합니다. 그러나 동시에 학회지의 형태로 정리되면서 누락된 발표가 있고 제목이 바뀐 논문도 바뀌는 경우가 있어, 학회지와 학술대회 발표 사이에는 거리와 간극이 있는 것 같아 그만 두었다고 했습니다. 그는 분명 학술대회와 학회지 사이의 차이를 의식하고 있습니다.

3 여기서 '문인은 술 마시고 싸움하는 사람'이라고 정의하면서, 法과 狂態 사이의 戰線을 탐색한 황호덕 선생님의 발표문이 떠오르는 것은 자연스럽습니다. 황호덕, 「한국 근대문학과 싸움 : 싸움과 살림, 박태원의 식민지말 사소설 3부작과 식민지적 통치성」, '박태원과 세계문학, 세계문학 속의 박태원'(구보학회, 이화여대, 2009.7.10.)

4 김월회, 『고전과 놀이』, 서울대학교출판문화원, 2009, 30-31쪽.

현대적으로 재현하고 있는 제의인지도 모르겠습니다(그리고 제의라면 역시 '술'이 빠질 수 없지요). 다만 2000년대 학술대회가 유사 이래 여타 '앎의 結社'들과 대별되는 특징은, 〈學→'술'→學〉의 과정이 '학진'의 학술 진흥 정책 및 재생산 체제와 밀접하게 닿아있었다는 점일 듯합니다.

2000년대는 한국문학 연구의 場에서 학술대회가 이전에 없었던 정도로 '성황리에' 수행되었던 시기로 생각됩니다. 그러나 몇 년 전부터는 그 성황에 대해 '다른 목소리'들이 나오기도 합니다. 제가 가장 최근에 들었던 얘기로는, 요즘 학술대회에는 '술'만 있다는 것이었습니다. 學을 하는 발표회장에는 가지 않고, 종합토론 즈음에야 登廳하여 '술'을 열심히 하는 것입니다. 이 말에는 요즘 학술대회의 무엇에 대한 반성적인 시선이 깔려 있기도 합니다. 이 글은 그런 요즘, 學과 '술'을 비롯해 몇 개 열쇠말로 2000년대 학술대회의 몇 가지 모습을 살피려 합니다.

2. 익지 않은 '술' – 인터넷이라는 매체조건과 학(술대)회

제가 애초에 말씀을 들었던 것은 한국 근대문학회, 민족문학사연구소, 상허학회 세 학회의 2000년대 이후 학술대회를 가지고 글을 쓰는 것이었습니다. 그런데 최은혜 동학이 며칠에 걸친 간난신고를 경유해 정리한 학술대회 목록은 생각만큼 두텁지 않았습니다. 제가 건네받은 목록에는 2000년부터 2012년까지 민족문학사연구소의 학술대회 전부와, 상허학회 학술대회의 절반 정도로 추정되는 분량이 갈무리 되어 있었고, 한국 근대문학회의 것은 아예 없었다.

연유를 물어보니 각 학회 사이트가 제대로 관리가 되지 않고 방치되어 있는 터라, 학술대회의 목록을 한 눈에 찾아보기란 거의 불가능하다는 것입니다. 돌이켜보니 저 역시 논문 투고 기한을 알아보러 기웃거린 외에는 각 학회의 사이트에 접속해본 기억이 거의 없었습니다. 그나마 학회지 투고 기한을 인터넷에 명기한 경우는 또 많지 않았고요.

2000년대 이후 연구자들을 둘러싼 매체 환경의 변화를 상기할 때 학회와 인터넷 사이의 서먹함은 사실 새삼스럽습니다. 2000년대 (한)국문학 연구는 인터넷 데이터베이스에 빚진 바 크기 때문입니다. 제도론과 문화사론은 물론, 이제 전통적인 연구방법이라고 불리는 작가론이나 작품론의 방법을 이용할 때도, 연구자들은 인터넷이라는 하부구조에 크게 의지합니다. 이제 주요한 한국학 연구자료/텍스트들은 (비)공개의 형태로 이미 인터넷에 데이터베이스로 구축되어 있습니다. 학술논문 또한 더 이상 논문집이라는 매체를 통해서가 아니라 '웹'을 통해 '검색'하고 다운로드하고 인쇄하지요.[5] 자료의 유통방식과 지식의 공유방식이 변화하면서, 그 변화는 글쓰기의 환경 및 조건의 변동으로 이어집니다. 그리고 연구의 습관과 방식 자체를 바꾸게 되는데요, 가령 노트북이나 아이패드는 대학원생들에게 필수품입니다. 석사 학위 논문의 절대 부피가

5 2011년 학진의 등재지 (계속)평가에서 사이트의 논문 공개 여부는 채점항목이었습니다. 다른 곳에서 점수를 깎였던 학회들은, 그 점수를 만회하기 위해 창간호로부터 수십 호에 달하는 논문을 통괄해 공개할 밖에 없었습니다.

증가한 것도 이 문제와 연결될 것 같습니다.[6] 연구자들은 필요한 경우가 아닌 이상, 책의 형태로 된 자료(원문이든, 연구서이든)에 먼저 접근하지 않습니다. '먼저' 인터넷을 이용해 자료를 '검색'합니다. 그리고 없을 때야 손에 쥘 수 있는 형태의 자료를 살핍니다.[7]

연구자 개인의 연구 환경과는 달리, '학회'라는 (집단)주체와 인터넷 매체 환경은 아직 충분히 소통되지는 않은 것 같습니다. 각 학회들의 인터넷 사이트는 '공지사항' 게시판 기능 이상을 수행하지 않습니다. 띄엄띄엄 사용하다 말다한 게시판, 학회진 이사가 바뀐뒤에야 오랜만에 올라온 공지문, 몇 년을 터울로 존재하는 학회 안내 글 등.

두 가지를 생각하게 됩니다. 첫째, 아직 한국문학 연구자들은 인터넷에서 '술'의 과정을 수행을 하는 것에 익숙지 않다는 의미입니다.[8] 인터넷, 특히 사이트를 이용해 소통하는 것은 아직 요원합니다. '술'이란 자고로 오프라인의 영역이며, 그러기에는 역시 학술대회가 제격입니다. 그러나 2000년대 문학연구가 우리에게 가르쳐준 것은 문학 또한 수많은 미디어 중 하나라는 점을 상기할 때, 문학, 즉 일종의 미디어를 연구하면서 동시에, 동시대의 미디어에 대해 둔감한 것은 어떻게 받아들여야할지 잘 모르겠습니다.

둘째, 최근 10년간 국문학 연구가 이전보다 소통에 활발해졌다고 하지만, 그에 비해 그 활발했던 소통을 기록하는 일에는 상대적으로 소홀했다는 것입니다. 온갖 잔무는 다 챙긴다는 간사에게 문의해도 그 전모를 파악할 수 없었면, 그 누가 얼개를 알 수 있을까요. 물론 간사에게도 없는, '현자의 돌'을 가진 이가 있습니다. 학진입니다. 학술지 등급 판정과 학술대회 지원을 위해, 우리는 학회와 관련된 연혁 등속을 포함한 모든 데이터를 학진에 등록해두지요. 그리고 학술대회를 개최할 때마다 결산 및 결과를 항상 그곳에 보고합니다. 그러나 거기의 목록은 연구자 개개인을 위한 것이 아니라 준정부기관을 그 독자로 한다는 점, 그리고 사실상 개인들의 접근이 거의 불가능하다는 점에서 없는 것과 여일합니다. 무척 조심스럽게 이야기할 밖에 없지만, 학진이 2000년대 학술 장의 (숨은) 주체라는 점은 이런 상황에서 단적으로 드러나는 것 아닌가 합니다. 그런 일도 없겠으나 혹시라도, 새로 석사과정에 들어온 신진 연구자가 여사여사한 주제로 한국의 학회들이 학술대회를 개최했는지 궁금하다면, 그 궁금증을 해소하는 방법으로는 학진에 물어보는 방법이 유일할지도 모릅니다.[9]

---

6 한 차례 글을 넘겨 활판으로 만들면, 문장 하나 수정할 때도 글자 수를 맞추어 수정해야 했다는 '전설'은 80년대 초반 이후 더 이상 구전되지 않습니다. 데스크탑을 이용해서 논문을 작성한 1990년대 중 · 후반 이후의 석사 논문과 현재 석사 논문의 절대량의 차이를 낳은 중요한 요인 중 하나는 바로 인터넷 DB 구축일 것입니다.

7 2000년대 초반 논문을 썼던 권보드래, 김동식 선생님은 『독립신문』이나 『매일신보』를 한 장 한 장 손으로 넘겨가며 자료를 읽었다고 합니다. 그에 비해 같은 매체에 대한 연구라도 웹을 통해 기사목록/제목만을 검색하여 단편들을 재구성하는 식이 최근 더러 눈에 띕니다. 이에 대한 우려의 목소리도 곳곳에서 듣고 있습니다. 이점을 생각할 때 최수일 선생님의 일련의 연구가 제기하는 질문은 무겁습니다. 가장 최근의 것으로 최수일, 「『조광』에 대한 서지적 고찰 – 종간 · 복간 · 중간의 문제를 중심으로」, 『민족문학사연구』 49, 민족문학사연구소, 2012.8 참조.

8 2007년에 『K신문』으로 등단한 평론가 아무개는 자신을 선정해준 심사위원의 홈페이지에 가서 謝意를 표하는 글을 남기며, "아무래도 인터넷은 저의 마음을 표현하기에 충분한 환경은 아닌 듯합니다. 나중에 찾아 뵙고 인사드리겠"다는 말을 게시판에 남긴 적 있습니다(http://www.firequest.pe.kr 방명록 참조). 신진연구자이기도 했던 아무개의 인터넷에 대한 감각은 그 자신 인터넷을 연구에 이용하면서도, 인터넷을 어떤 소통공간으로 사용하는 것에 대한 서먹함을 드러냅니다.

9 학진에 대한 이야기는 여기서 말한 내용 이상으로 다루지는 않으려 합니다. 다음 글이 있습니다. 천정환, 「신자유주의 대학체제

최근 민족문학사연구소에서 사이트의 활성화 및 소통을 위해 〈문학의 아침〉 코너를 열고, 요일별로 필자를 선정하여 (산발적으로) 글을 올리는 기획을 한 것에 대해 다시 한 번 생각할 수 있을 것입니다. 개인적으로는 박진영 선생님께 감사드리는 마음으로 글을 읽습니다. 다만 그곳 코너의 글들이 그 높은 조회수에 비해 '댓글'이 없다는 사실은 아직까지도 풀리지 않는 수수께끼입니다.[10] 인터넷 매체 운운하며 말씀을 굳이 길게 올린 까닭은, 학술대회를 일람하는 저의 작업이 부실할 수밖에 없던 까닭은, 바로 학진 때문이라는 변명을 드리고자 함입니다.

3. '술'과 대학원생의 미만한 만남

대학원생(의 노동)은 학술대회의 한 풍경입니다. 대학원에 입학하기 이전부터, 그러니까 공부란 무엇인지 알기도 이전부터 가장 먼저 (원찮게) 배웠던 것은 학술대회 테이블 세팅법이었습니다. 방명록, 영수증 3종(학회참석영수증, 연회비영수증, 발표비/토론비 수령영수증), 자료집, 주차권 등을 한 줄로 늘어놓습니다. 한 가지가 더 남았습니다. 그날 아침에야 발표문을 송고하신 R 선생님의 발표문은, 오늘 처음 인사해서 아직도 서먹한 이곳 대학교 조교의 도움을 받아서 학과 사무실에서 30부 정도 우선 인쇄를 하고 동기에게 스테이플러로 묶어줄 것을 부탁합니다. 가끔은 학교 밖 복사집을 다녀오기도 합니다. 그리고 거의 실시간으로 들어오는 토론문들도 학과 사무실을 몇 차례 더 방문하고 복사하여 자료집 사이에 끼워둡니다. 그 사이 어느새 시작 시간이 넘고, 선생님들이 들어오시지요.

이미 학술대회의 발표를 들을 마음은 많이 가셨습니다. 애초에 흥미가 있어 온 학회가 아닌 때문이기도 하지만, 며칠 전 발표 제목을 보면서 은근 체크해두었던 발표들도 이미 한 차례 부산을 떤 이후에는 흥미가 더욱 바닥을 칩니다. 생각해보면 사실 꼭 들어야하는 것도 아닙니다. 이미 여러 번 제 손을 빌어 참가자 선생님께 전달된 "자료집"에 발표문이 실려 있기 때문입니다. 사실 자료집 편집은 이틀 전에 제가 한 것이기도 하고요. 썰렁한 학회장 바깥에서 제가 만든 자료집을 뒤적이다가 곧 멈춥니다. 간헐적인 책장 넘기기도 그나마도 계속 발생하는 업무 때문에 지속성을 보장받을 수 없습니다. 사진을 찍어오라는 지도부의 지시가 내려진 까닭인데요. 그게 아니라도 제가 학술대회에서 일했던 것은 이미 그 학회들이 대형화된 이후였기에 '인기가 없는' 세션에 들어가서 머리를 채우기도 했지요. 데스크가 아니라 학회장 안에 자리를 잡았던 것은 박사과정에 들어간 다음이었던 것으로 기억합니다. 2000년대 학진이 학술대회 '술'의 물적 토대를 구성했다면, 그 기획과 프레임, 즉 기계제 대공업 체제를 실제로 움직였던 프롤레타리아들은 아직 연구자가 채 되지 못한, 혹은 "이제 갓" 공부의 걸음을 뗀 대학원생이었습니다.

의 평가제도와 글쓰기」, 『역사비평』 92, 역사문제연구소, 2010.

10 선생님의 블로그(www.bookgram.pe.kr)와 비교할 때, 연구소 사이트에서의 댓글 및 소통은 그 차이가 큽니다.

학교 바깥 학술대회라는 곳에 한 번도 가지 않았던 석사과정의 제게 민족문학사연구소와 상허학회는 공히 "대학원생"이 일하지 않은 학회로 더 유명했지요. 이유는 달랐지요. 물론 연구소에는 젊은 연구자들이 없었기(?) 때문이었고, 상허학회에는 발표자 선생님들이 준비를 해서라고 들었습니다. 세상에, 대학원생이 준비하지 않는 학회라니, 그게 가능한지. 당시에는 믿을 수 없었고, 그 소문의 진위는 끝내 확인하지 않았습니다. 다만 그렇게 학술대회가 운영될 수 있겠구나, 하는 깨달음은 저 하늘이 처음 열린 까마득한 날, 갈리아 지방에서 울렸던 "닭 우는 소리"(이육사와 「카피탈」의 著者)와 같았지요.

도제 시스템의 하위 체제로 분업이 있었습니다. 석사과정에서는 각 학회에서 노동을 하고, 박사과정부터는 플로어에 앉아 있다가, 수료를 하고서는 질문자로 나서고 이후에 발표를 하게 됩니다. 이것이 우리에게는 익숙한 2000년대 평범한 학술대회의 큰 풍경입니다. 그 이전은 어땠을까요.

90년대까지 학술대회는 상허학회나 민족문학사연구소 등 몇몇을 제외하고는 각 학교에 소속된 형식으로 존재하고 있었다고 들었습니다. 지금 우리가 아는 방식으로 여러 학교 연구자들이 모여서 논문을 발표하고 토론을 하며 몇 달 뒤 학회지로 그 성과가 갈무리되는 방식의 학술대회는 2000년대에 비로소 본격화된 것이라고 알고 있습니다. 그렇다면 학술대회 자체를 〈2000년대적인 것〉으로 역사화할 수 있을까요. 이전에도 있었지만 특히 이 시기 들어 학술대회의 내적 문법이 변화하면서 동시에 만개하고, 시간이 지나자 정체의 징후가 나타나고 동시에 변화의 모색이 요구된다면, 2000년대 學의 주제들과 연구의 시각, 그리고 學을 둘러싼 물리적 조건과 그 주변에 놓인 연구자들 삶의 조건이, '학술대회'라는 특정한 '술'의 형식과 이미 구조적으로 긴밀한 것 아닌지 생각해 봅니다.

4. 2000년대 學과 '술'의 만남

1) 學의 방법들

2000년대 상허학회와 민족문학사연구소의 학회 주제들을 통괄하여 살펴보니 역시 우선 눈에 들어오는 것은 연구방법론에 대한 모색과 성찰입니다. 민족문학사연구소는 2000년대 벽두부터 한국문학 연구 새로운 10년의 연구 향방을 가늠하는 학회를 기획했습니다. 그리고 연구방법에 대한 고민은 구체적으로 기존의 문예학에 입각한 연구방법과 다른 방식의 문제틀인 문화사론/제도론과 포스트콜로니얼 연구에 대한 관심으로 나타납니다. 이것들은 개별 발표문의 연구방법론이었고, 연구 방법론 자체가 몇 번 학술대회의 주제가 되기도 했습니다.[11] 주요한 몇몇

11 민족문학사연구소 : '전환기 한국문학 연구의 방향'(성균관대, 2000.12.2), '21세기에 구상하는 새로운 문학사론'(원

저작의 출간과 동시에 여러 번의 학술대회가 이루어지면서 문화사론/제도론이 약간 앞섰고, 뒤이어 포스트콜로니얼 연구가 있었습니다. 작가론과 작품론에 대한 반성, 문학이라는 개념의 역사적 재구성, 정전에 대한 해체적 접근, 텍스트가 생산된 역사문화적 맥락이나 제도에 대한 성찰 등이 기도됩니다. 그리고 모든 근대는 식민지와 유관하다는 명제를 놓고 근대의 어떤 폭력을 심화해 각인한 식민지 주체의 내상과 양가성을 성찰하고, 대안근대성에 대한 논의로까지 이어집니다.

활발하게 이루어지던 논의들이 한번 갈무리가 되는 것은 상허학회의 2006년 학술대회 '한국 근대문학 연구의 역사적 전환과 창조적 모색'(이화여대, 2006.11.4)일 듯합니다. 당시 발표자였던 천쌤도, 또 당시 청중이었던 도원이 아버지도 그렇게 활발하던/'피흘리던'/재미있던/생산적이었던/논쟁적이었던 학회는 다시 보지 못했노라 회상하는 것을 들은 적이 있습니다. 2000년대의 한 가운데 놓인 이 학술대회에서는, 2000년대 초반부터 이어져오던 문화론, 제도론, 텍스트 중심적 독법 등에 대한 이론화 가능성이 논의되었고, 이후 2000년대 중후반 만개할 포스트콜로니얼 연구에 대한 논점도 제시됩니다.

당시까지 연구자들 사이에 '비교적 공통된 노선'[12]이 있었던 것 같습니다. 한국의 근대성에 대한 문제의식이 아닐까합니다. 물론 90년대 이래 한국문학 연구 장에서 근대성은 중요한 화두였습니다만, 이전까지는 주로 논리로서의 근대성을 심문했다면, 2000년대 연구자들이 동의하는 바는 경험으로서의 근대성입니다.[13] 근대성을 각인한 식민지의 육체과 풍속에 대한 재구, 식민지 주체의 주체성, 언어의식, 이중어 화용, 그들의 문화적 코드 등. 식민지 근대성을 열쇠말로 삼은 사람들은 1920-30년대를 향하였고, 다른 한 편에서 포스트근대성을 가늠하던 연구자들은 근대가 시작되던 시기와 근대의 미달/초과의 시기였던 중일전쟁-태평양전쟁기로 집중하였습니다.

2000년대 학술대회 활황의 요인은 새롭게 제안된 연구의 시각들이 학술대회라는 형식과 무척 잘 어울리는 것이었기 때문일 것입니다. 좁은 의미의 '문학' 연구에 대한 반성의 결과 거의 모든 미디어-텍스트가 연구의 물망에 오르게 됩니다. 동시에 매력적이며 새로운 연구방법론이 제안되었습니다. 생산성은 높았습니다. 학술대회라는 장은 그 생산의 결과물에 대해 의견을 교환하고, 더 나은 생산방식을 고민하는 자리이기도 했지만, 동시에 생산 자체를 격려하고 더 나

주토지문학관, 2001.8.22), '한국 근대문학의 식민성과 탈식민성'(성균관대, 2003.9.19), '탈근대 문학담론 비판'(동국대, 2006.12.15), '문학사를 다시 생각한다'(성신여대, 2010.4.24), '한일병합 100년, 한국문학의 식민성과 탈식민성'(충북대, 2010.8.28)

12 권보드래, 「2006년의 몇마디」, 『한국 근대소설의 기원』(증보 2판), 소명출판, 2012, 295쪽. 2006년 상허학회의 학술대회는 『상허학보』 19호로 갈무리되면서 '근대문학 연구방법의 창조적 진화를 위하여'로 改題됩니다. 이 학술대회에 대해서는, (지금은 어려워진) "합의 가능한 연구경향"을 논하던 자리였다는 평이 제출된 바 있지요. 황호덕, 「외부로부터의 격발들, 고유한 연구의 지정학에 대하여」, 『상허학보』 35, 상허학회, 2012.6, 55쪽, 주1.

13 90년대적인 것으로는 다음 것들이 고전적이겠지요. 김윤식 · 황종연 외, 『모더니티란 무엇인가』, 민음사, 1995 ; 민족문학사연구소 편, 『민족문학과 근대성』, 문학과지성사, 1995 등. 2000년대에도 논리로서의 근대에 대한 성찰은 여전히 이어지며 보다 밀도를 갖추기도 합니다. 서영채, 『사랑의 문법』, 민음사, 2004. 이혜령 선생님은 민족문학사연구소의 학술대회 '민족문학과 근대성'(1994.5.21)에서 2006년 상허학회 심포 '한국 근대문학 연구의 역사적 전환과 창조적 모색'으로 이어지는 근대성 연구의 한 계열선을 긋기도 합니다.(이혜령, 「언어=네이션, 그 제유법의 긴박과 성찰 사이」, 『상허학보』 19, 상허학회, 2007.2, 243~244쪽)

은 생산이 이루어지도록 끊임없이 채근하는 자리였습니다. 연구자들은 발표자-토론자-종합토론자-사회자의 역할을 바꾸어가며, 여러 학술대회를 계속해서 등장합니다. 학술대회를 거치며 연구방법은 계속 다듬어졌고, 그 연구방법을 비슷하면서도 다른 연구대상에 계속 적용합니다. 대상-방법론의 생산성은 학술대회를 매개로 하여, 그 효율이 극대화됩니다. 그리고 그 극대화에 대해 학진은 만족했고, 계속해서 더 높은 생산성을 위해 지원을 이어갔습니다. 연구의 대상이었던 일제 말기 총동원 체제의 한 특징인 생산력주의는 2000년대 학술 장의 풍경이기도 했습니다.

얼마간은 그러한 집중도가 상당히 강렬했던 것으로 알고 있습니다. 제가 대학원 입학 동기와 처음 가보았던 학교 바깥의 학술대회는 상허학회의 〈일제 말기 미디어 장과 문화 정치〉(동국대, 2008.2.22.)였습니다. 그날 발표와 토론 뿐 아니라, 꽤 늦은 시간까지 이어졌던 종합토론에서 사회를 맡았던 이혜령 선생님이, 토론의 결과 학술대회 주제에서 결국 '과'라는 글자만 제외하고 모두 이의에 부쳐졌다고 결론 내린 장면을 기억합니다. 하지만 어느 새 그러한 집중도는 찾기 힘들어졌습니다. 2000년대 활발히 논제를 생산했던 한 연구자는 최근에 "사회적 · 학문적 긴장이라는 측면에서 보면 이 분야의 연구는 정점을 넘어선 느낌"과 "긴장의 소멸"을 감지하기도 합니다.[14] 2006년 이후 학술대회에서 내건 주제들은 그 이전 시기의 '반복' 혹은 어느 정도 기시감을 느끼게 하는 모습은 같기도 합니다.[15] 그리고 몇몇 열쇠말들은 2010년에 이르기까지 여전히, 계속, 학회의 주제 혹은 발표 제목으로 반복되어 산견됩니다.

반복이 심화로 이르지 못하고, 긴장의 소멸이라는 진단으로 이어진 것에 대해서 쉽게 말씀드리기는 어렵습니다. 다만 다음 인용으로 그에 대한 한 성찰을 갈음하려 합니다.

> 긴장의 소멸은, 한국=근대=문학의 타자에 대한 탐구, 한국 사회를 바라보는 타자적 시선의 복권으로 시작했던 일제 말기 문학 연구가 자동화(타성화) 되었음을 의미합니다. (……) 일본에 잠시 체류하면서 느꼈던 사회적 타자 의식이 김사량에 대한 공감으로, 그리고 일제 말기 문학에 대한 공부로 이어졌습니다. 국민국가로부터 배제된 자의 시선으로 세상을 바라보기, 그것이 저의 첫 문제의식이었습니다.[16]

2012년의 이 말은, "'풍속'은 각각의 사회적 체계와 범주에 이미 매개되어 있는 필연적인 타자를 의미있게 포착하고 활발히 운동시키는 텍스트적 실천"이라는 2005년의 명제와 마주서 있습니다.[17] 김철 선생님의 「국문학을 넘어서」 등 몇몇 글에서 추동된 2000년대 한국문학 연구의 學은 우리 삶을 둘러싼 여러 맥락에 대한 성찰 속에서 그 문제의식이 다듬어졌고 거

14 윤대석, 『식민지 문학을 읽다』, 소명출판, 2012, 3쪽.

15 기시감은 황호덕 선생님의 표현입니다. 2000년대 중반 이해 연구의 "경향 및 방법 자체가 급속히 제도화되어 기시감의 대상"이 되었다고 말입니다. 황호덕, 앞의 글, 같은 쪽, 주1.

16 윤대석, 『식민지 문학을 읽다』, 4쪽.

17 이경훈, 「오딧세우스의 변명 : 문학과 풍속에 대해」, 『현대소설연구』 27, 한국현대소설학회, 2005, 16쪽.

기에 대한 (삶에서든, 텍스트에서든) 실천의 한 방식이었습니다. 최초의 몇몇 논의들이 〈우리 안의 파시즘〉론과 연락관계를 맺었다는 사실 자체는 그 진단에의 동의여하를 떠나서, 삶 안의 어떤 문제의식으로 문학연구의 의제가 재구되었음을 방증합니다. 2000년 즈음 시작할 당시 그 學은 우리의 머릿속 앎의 영역 뿐 아니라, 우리 몸-삶의 영역과 접속하고 충돌하며('술'의 과정) 생성된 무엇이었습니다. 그러나 애초에는 그렇게 시작했던 學이 반복되고 반복되고 반복됨으로, 學의 폐쇄적인 재생산만 수행하며 어느새 學 자체의 자동화를 가져왔는지도 모르겠습니다. 실천이라는 문제틀보다는, 연구가 연구를 낳는 과정만 남은 건 아닐지요. 그렇기 때문에 여전히 학술대회에서 수많은 언어들이 교환되는 장관을 경험하고도, 내심 비슷한 이야기라는 느낌과, 딱 발표회장 강의실 한 칸을 뜨겁게 달구는 이야기라는 마음을 마주할 밖에 없는지도 모르겠습니다.

2) 學과 세대

앞에서 제가 석사과정생은 일하고 박사과정생은 플로어에 앉아 있는 식의 역할 분담을 운운했습니다만, 그러면 발표자의 역할을 수행한 분들에 대해 생각해봅니다. 대부분이 한국문학 연구자들이었지요. 목록을 보니, 다른 전공 연구자들은 2000년대 초중반에 한두 번 등장하고는 의외로 그 이후에는 등장하지 않습니다. 등장하는 전공 또한 국사학 연구자들과 중국문학 연구자들로 그 범위가 그다지 넓지는 않았습니다. 그리고 고전문학 연구자들도 거의 보이지 않습니다. 타 전공연구자들의 등장이 활발하지 않은 만큼, 외국 국적이나 외국에서 주로 활동하는 연구자들의 등장도 거의 찾아볼 수 없습니다.[18] 물론 타전공과의, 외국-연구자들과의 교류는 상허학회나 민족문학사연구소처럼 1개 학회 단위의 몫이 아닐 지도 모릅니다. 성대 동아시아학술원이나 연대 국학연구원, 인하대 한국학연구소 등 좀 더 큰 연구기관의 몫이었겠습니다.[19] 그러나 그것을 감안하더라도, 민족문학사연구소와 상허학회의 꽤 많은 학술대회가 한국(현대)문학연구자들의 제한된 인력풀로만 치러진 상황입니다.

제한된 풀 안에서도 하나의 조건이 더 붙는지도 모르겠습니다. 제가 보고 있던 목록을 함께 보았던 몇몇 동학들이 의외로 가장 먼저 지적했던 것은, 2000년대를 통틀어 몇몇 발표자가 계속 등장한다는 것이었습니다. 세대라는 조건을 생각해볼 수 있지 않을까 해서, 몇몇 학술대회의 발표자들의 나이의 평균을 비교해보았습니다.[20] 공교롭게도 연도를 불문하고 거의 모든 해

18 상허학회에는 류준필 선생님을 제외하곤 고전문학 연구자들이 등장하지 않습니다. 민족문학사연구소는 문학사를 대상으로한 몇몇 학술대회에서는 고전문학 발표자가 함께 나서지만, 그것이 병렬적인 배열을 넘어서 어떤 논제생산에까지는 이르지 않은 것 같습니다. 외국에서 온 발표자는 2001년 고모리요이치 선생님의 등장, 2012년 Dafna Zur 선생님과 최태원 선생님의 참여만이 눈에 띕니다.

19 한국 현대문학회, 국제한국문학문화학회, 인하대 한국학연구소 등에서는 2000년대 후반에 여러 국적의 한국(문)학 연구자들과의 네트워킹을 시도합니다.

20 제가 가진 제한된 자료로 공교롭게도 오해의 여지 가득한 결과를 이끌어냈을 따름입니다. 발표자들의 나이는 한국연구업적통합정보(www.kri.go.kr)에서 生年을 확인하였습니다. 2001년 : 민족문학사연구소, '21세기에 구상하는 새로운 문학사론'(원주 토지문화관, 2001.8.22). 제가 가진 상허학회 학술대회 목록은 2004년부터 시작합니다. 2004년 : 상허학회, '한국문학사와 이

에 민족문학사연구소의 발표자는 상허학회보다 평균 2살이 더 많습니다.

〈상허학회-민족문학사연구소 학술대회 발표자 평균 나이〉

	2001년	2004년	2006년	2010년A	2010년B	2010년C
상허학회	자료없음	40세	42세	44세	37세	-
민족문학사연구소	42세	42세	45세	46세	39세	50세

지극히 부실하지만, 위의 표는 아쉬운 대로 학술대회와 관련된 세 세대의 지층을 보여줍니다. 편의상 2001년과 2010년C를 담당한 세대, 그러니까 2001년에 42세였다가 2010년에 50세가 된 세대를 연구자 세대①이라고 하겠습니다. 그리고 2004년 40세/42세에서 시작하여 2006년을 거쳐 2010년A의 44세/46세가 되는 세대를 연구자 세대②라고 하겠습니다. 마지막으로 2010B를 맡은 이들을 연구자 세대③이라고 지칭합니다.

연구자 세대①은 '7말8초' 학번 연구자들로 90년대에 민족문학사연구소와 상허학회를 만든 세대입니다. 이들은 2000년대 초반에 학술대회를 기획하고 중반 이후로는 간헐적으로 등장합니다만, 이후에도 배움의 길을 떠나지 않습니다.[21] 2000년대 초중반에 등장한 이후 2000년대 전반에 걸쳐 학술대회의 중심이 된 이들은 연구자 세대②입니다. 2004년 평균 40대 초반이었던 이들은 2010년 40대 중후반이 되기까지, "지속적으로" 학술대회를 주관합니다. 문화론/제도론과 포스트콜로니얼 연구 등을 처음 구상하고 시도한 세대인 이들은 2000년대 중후반을 통틀어 학술대회에서는 발표자-토론자-종합토론자-사회자를 순환하여 담당하면서, 실제적인 2000년대 學-'술' 대회의 담론 생산을 이끌어 갑니다. 연구자 세대③은 2009년 즈음에 학술대회의 발표자로 나서게 됩니다. 이들은 연구자 세대②보다 8~10년 정도 늦게, 2000년대 초반 그들과 비슷한 나이로 학술대회의 발표자로 첫걸음을 뗍니다.

연구자 세대②가 중심이 된 이후 세대①도 여전히 학술대회를 주관하는데요, 하나 적어둘 것은 두 세대는 적어도 학술대회라는 場에서는 그다지 융합이 활발하지는 않습니다. 물론 세대①의 발표에 세대②가 '토론'을 하는 경우는 있습니다만, 충분하지는 않았던 듯합니다. 제가 '세대'라는 오해여지가 큰 용어를 굳이 사용한 것도 융합하지 않았음을 드러내고자함입니다. 물론 두 세대가 함께 나선 학술대회가 없는 것은 아닙니다. 민족문학사연구소의 〈임화문학의

태준'(성신여대, 2004.6.12) 및 민족문학사연구소, '식민지시대 조선의 자화상 – 역사학과 문학사 연구자들이 '개벽'을 함께 읽다'(서울역사박물관, 2004.11.20) / 2006년 : 상허학회, '한국 근대문학 연구의 역사적 전환과 창조적 모색'(이화여대, 2006.11.6) 및 민족문학사연구소, '탈근대 문학담론 비판'(동국대, 2006.12.15)

2010년에 상허학회는 2번, 민족문학사연구소는 5번의 학술대회를 개최합니다. 상허학회 학술대회 중에서는 평균 나이가 높은 것(A)과 낮은 것(B)으로 분류했습니다. 민족문학사연구소의 학술대회에서는 발표자의 나이가 평균에 가까운 것(A), 가장 젊은 연구자들이 발표한 것(B), 평균연령이 가장 높은 것(C)을 추렸습니다 : 상허학회, A '4.19, 낯선 혁명 – 역사의 풍경과 문학의 기억'(이화여대, 2010.4.3)과 B '1970, 반-정전의 대중사회'(동국대, 2010.11.27) 및 민족문학사연구소, A '문학사를 다시 생각한다'(성신여대, 2010.4.24)와 B '프로문학의 재검토'(경북대, 2010.10.9) C '한일병합 100년, 한국문학의 식민성과 탈식민성'(충북대, 2010.8.28)

21 민족문학사연구소 : '전환기 한국문학 연구의 방향'(성균관대, 2000.12.2); '21세기에 구상하는 새로운 문학사론'(원주토지문학관, 2001.8.22); '프롤레타리아 문학의 재조명'(남한강연수원, 2002.7.24); '한국 근대문학의 식민성과 탈식민성'(성균관대, 2003.9.19); '천태산인과 동아시아 문학의 지평'(서울대, 2005.11.28); '탈근대 문학담론 비판'(동국대, 2006.12.15); '한일병합 100년, 한국문학의 식민성과 탈식민성'(충북대, 2010.8.28)

현재성〉(숭실대, 2008.10.18.)과 상허학회의 〈'총서 불멸의 력사'와 북한문학의 전망〉(성신여대, 2008.6.14)이 그 예외이겠지만, 2000년대를 크게 놓고 볼 때, 이 두 학술대회는 소통가능성을 보여준다기보다, 예외적으로 두 세대의 관심의 대상이 되는 특정 연구대상이나 학진 프로젝트가 있을 때만 두 세대가 함께 학술대회를 개최한다는 반증에 보다 가깝다고 생각합니다. 그리고 세대③은 세대②가 만들어준 자리에서 이제 발표를 시작하고 있습니다.

동학들이 발견한 바와 같이 계속해서 같은 발표자들이 학술대회에 등장한다는 언급은 연구자 세대② 선생님들을 염두에 둔 것으로 생각됩니다. 40대의 연구자 세대② 선생님들은 학술대회의 활황을 이끌어 냈습니다. 그리고 여전히 연구 담론의 중심이기도 합니다.

물론 연구자 세대①의 90년대에도 '심포지엄'은 있었지만, 학진-연구방법론-학술대회의 삼위일체 아래에 있었던 세대②의 학술대회와는 그 성격이 다른 것 같습니다. 그리고 세대③은 아직 자신들의 연구방법론을 충분히 다듬지 않은 상태입니다. 學의 영역에서 연구방법 자체에 대한 혼란이 존재하고 그에 대한 진단이 이루어지고 있는 시기에, 그 연구방법론과 가장 잘 어울렸던 '술'의 형태인 학술대회의 위기가 진단되는 것은 어찌보면 당연한지도 모르겠습니다. 그리고 2000년대 이 모든 것을 긍정적으로든 부정적으로든 지탱하고 교호했던 학진은, 이제 학회 및 학술지, 그리고 연구자 지원 시스템에 큰 변화를 준비하고 있다는 풍문이 들려옵니다. 지금 익숙한 學과 '술'의 형태는, 아마도 〈세미나〉를 조직하고 〈학술대회〉를 수행하고, 그 결과를 〈등재지 논문〉으로 엮는 방식일 것입니다. 그런데 이미 우리에게 익숙한 연구방법과 학진재생산체제에 변모가 감지되는 이상, 學을 '술'로 변증하는 방식 또한, 우리에게 익숙한 학술대회라는 회로만이 아니라, 존재하고 기획할 수 있는 또 다른 어떤 회로를 찾아야 하는 것 아닐까요.

5. 또 다른 學 – '술'

> 따라서 도식적으로 정리하면, 제1국면의 문화론적 연구는 근대성 연구에 정향된 ① '국' ② '문학'으로부터 출발하여 문화사로서의 문화론으로 진입하기까지의 단계이며, 제2국면의 그것은 '문화사로서의 문화론적 연구'의 안착 · 확장과 문학사의 재구, 그리고 ③통-인문학적 문화적 · 담론적 실천으로 구성되는 단계이다. 물론 아직까지 이는 일종의 희망사항이기도 하지만, 이러한 진화는 시대의 요청과 부합하기도 한다. 문화사연구든 문화연구든, '문화론적 연구'는 기본적으로 학제적 성격을 띤다.[22]

희망사항이라는 의장을 쓴 묵시와도 같은, 2007년에 작성된 위의 문단을 두고 2000년대

22 천정환, 「'문화론적 연구'의 현실 인식과 전망」, 『상허학보』 19, 상허학회, 2007.2, 42~43쪽. 번호는 인용자의 것입니다.

학술대회에 대한 기록을 마무리하려 합니다. ① 학술대회는 '국'에서 얼만큼 걸음을 옮겼는가. '국'의 지양은 어느 단계에 이르렀는가. 상허학회는 역사학연구자들과, 민족문학사연구소는 중국문학연구자들과의 협동심포지엄을 몇 차례 개최하였습니다.[23] 그러나 그 지적 협력은 1,2회의 산발적인 '이벤트' 이상으로 지속되지 못해 맹아 단계를 채 넘지 못하고, 이후에 접속의 유산을 정당히 계승하지 않았다는 생각은 쉽사리 떨치기 어렵습니다. '동아시아 문학'이라거나 '다른 방식의 비교(문)학', '세계문학(론)'이라는 주제는, 이미 90년대 중반부터 평론계와 지식사회 담론에서는 논의가 되었던 것들이라 언뜻 익숙하게 느껴집니다. 그러나 거기에 學의 육체를 부여하는 작업은 충분히 이루어지지 않았습니다. '국' 사이를 횡단하는 역동성을 위한 어떤 실천이 필요합니다. 그것이 공간의 횡단이라면, 시간의 측면에서도 1896년 이전, 전통시대/고전학과의 접속 시도가 보이지 않는다는 점도 지적해두려 합니다.[24]

② '문학'으로부터 출발하여 문화사로 나아가는 문제를 생각합니다. 문화사적 연구의 축적은 이미 편만합니다. 높은 생산성 때문일 수도 있고요. 그런데 그 비만한 축적 안에서 식민지 시대를 '객체화된 자연풍경처럼 흥밋거리로 구성하고 소비'(윤대석)하는 것에 대한 경계와 그 學이 현실적 긴장을 잃은 것에 대한 염려는 타당합니다. 어떤 학술대회의 발표들은 제목만 보고도 이미 그 전개방식과 열쇠말이 부득이 짐작하게 될 때가 있기도 합니다. 그만큼 연구성과가 축적된 것이 식민지 시기입니다. 그러나 최근에 상허학회의 학술대회에서 식민지 시기 조선학을 아카데미즘의 시각에서 재구성한 발표 앞에서, 여전히 남은 연구과제들을 다시 한 번 확인하며 옷깃을 여민 기억이 있습니다.[25] 2000년대 식민지 연구가 몇 가지 독법에 의해, 어느 정도 폭 안의 자료를 대상으로 수행된 것 아닌가 하는 생각을 갖게 된 까닭입니다. 식민지 시기는 충분히 고구되지 않은 듯 하며, '불 속에 들어가 밤을 줍는 모험'(다케우치 요시미)은 여전히 피할 수 없을 것 같습니다.

해방공간은 2000년대 중후반 몇 군데에서 학술대회를 개최했으나 그 것이 집대성되고 정리되지는 않은 듯합니다. 50년대는 2000년대 중반부터 '검열'이라는 틀을 통해 연구 가능성을 가늠하면서, '냉전' 체제를 이해하는 시좌를 구성하고 있습니다.[26] 그리고 최근에는 70년대를 거쳐 급기야 다시 1980년대가 소환되었습니다.[27] 한동안 學의 대상이 일제 말기에 몇 년간 머물렀던 것을 기억한다면, 최근 몇 년래 학술대회의 주제는 급속도로 확장되고 있습니다. 학술대

23 상허학회, '식민지시대 조선의 자화상 – 역사학과 문학사 연구자들이 '개벽'을 함께 읽다'(서울역사박물관, 2004.11.20) ; 민족문학사연구소, '3.1운동과 5.4운동 이후 한중 신문학 운동의 성격'(한국중국현대문학회 공동주최, 한국외대, 2003.6.14)과 '천태산인과 동아시아 문학의 지평'(한국중국현대문학회 공동개최, 서울대, 2005.11.26)

24 최근 한국학의 통국가적 구성을 성찰하는 몇몇 학술대회에서 지난하지만 의미 있는 작업을 이어가고 있습니다. 성균관대 동아시아학술원 인문한국(HK)연구단 · 부산대 인문한국(HK)〔고전번역+비교문화학연구단〕 제1회 공동 워크숍 '한국(어문)학의 통국가적 구성과 변전, 이중어사전으로 본 근대 한국의 근대어 · 번역어 · 개념어'(성균관대, 2012.7.27)

25 류준필, 「식민지기 조선(문)학의 아카데미즘」, '고유성의 지정학, 한국(문)학의 학술사적 변동'(상허학회, 서울역사박물관, 2012.7.20).

26 상허학회, '반공주의와 한국문학'(건국대, 2005.5.28) 및 '반공주의의 문학적 표상과 맥락'(건국대, 2007.6.2)

27 상허학회, '1970, 반-정전의 대중사회'(동국대, 2010.11.27) 및 민족문학사연구소, '1980년대 문학의 재검토'(국민대, 2012.11.10)

회의 외연은 급속히 확장되고 있지만, 동시에 연구의 시각은 뚜렷이 맥이 드러나지 않습니다. 오히려 방법이 불비하기에 시대를 확장한다는 느낌입니다. 그렇게 급하게 시대를 거슬러야 했던 이유는, 반대로 문학과 문화사 사이에서 또 다른/적절한 연구의 시각이 마련되지 않았기 때문 아닐까요. 상허학회와 민족문학사연구소에서 '문학의 시대'였던 1960년대를 이전과 다른 방식으로 재독하는 기획을 만들지 않았다는 점이 시각의 불비를 방증한다고 생각합니다. 단편적인 발표 몇몇이 있는 것 아닌가 합니다. 문화론적 연구가 도입된 이후, 이제는 작가론과 작품론을 쓰더라도 적극적이든 소극적이든 문화론의 시각의 도움을 얻고 있습니다. 그러나 문화론 이후 작가론과 작품론을 어떻게 쓸 것인가, 문화론의 영역에서 기존과 다른 연구의 입각점은 어떻게 구성할 것인가, 충분히 논의되지 않았습니다. 그리고 이혜령 선생님과의 대화에서 깨달은 바 입니다만, 최근 학술대회 중, 지금까지 발산된 논의들을 수렴할 수 있는 어떤 '지점'을 구축하거나 문제 삼은 경우는 잘 보이지 않습니다. 가령 여성/젠더와 같은 주제 말입니다. 올해초 상허학회에서 연구란 무엇인가라는 주제로 학술대회를 개최했던 것 또한 이런 문제의식과 유관한 것은 아닌지요.[28]

③ 통-인문학적, 문화적 담론 실천. 여기에 대해서는 한국 현대문학연구와 학술대회의 타성화를 경계하는 목소리를 여러 분께 듣습니다. 타자로서 존재했던, 혹은 타자적 시선에 대한 절박함과 긴밀했던 한국(현대)문학연구가 자족적인 재생산 구조로 회수됨으로 그 활동력을 상실합니다. 학술대회 또한 그와 운명을 함께하고 있는 것은 아닌지요.

저와 같은 연구실에서 일하는, 康棟皓 씨(29세, 中尉〈進〉)는 여기서, 연구와 글쓰기를 지탱하는 테크놀로지와 미디어의 문제를 부각하였습니다. 연구자료들이 인터넷에 DB로 구축되면서, '검색'을 통해 무수한 자료에 손쉽게 닿게 됩니다. 그렇기 때문에, 이제 연구자들은, 하나의 연구주제나 시각을 보았을 때, 그것과 유사한/유사하지만 대상만 조금 다른 비슷한 논문을 '생산'하는 것이 무척 용이한 환경에 놓여 있습니다. 하나의 연구대상과 시각이 부각되면, 그것과 유사하거나 거의 같은 무수한 후속 논문들이 생산되어 등재지에 실리는 대량생산체제에 도달한 것입니다. 게다가 선행연구 논문 또한 검색이 너무 잘 되기 때문에, 방대한 선행연구를 섭렵하면서, 연구자 개인의 문제의식은 심화되기도 하지만 동시에 자신의 시각은 마모되어 기존 논의와 유사해지기도 합니다. 그렇기 때문에 비슷한 톤/수준의 논문들이 급증하는 대신, 種의 다양성이 현저히 급감합니다. 種 자체가 몇몇 남지 않으면서 學術(生態)界의 운동성은 떨어지게 됩니다.[29] 80년대, 90년대의 논문들보다, 섭렵한 자료도 많고 논제 또한 어느 정도 '안정화'되어 있지만, 다양한 해석이 충돌하고 긴장을 유발하기보다는, 안정화되고 고여 있습니다. 그렇기 때문에 재미가 없습니다. 이전 시기와 달리 연구자들이 '기술복제시대'의 글쓰기를 한다는 조건

28 상허학회, '시대 · 논제 · 이론 – 문학비평과 문화연구'(성균관대, 2012.2.9)

29 진화생물학의 시각을 도입한 것이지요. 2000년대 한국문학 연구장의 진화생물학적 분석이라는 또다른 성찰 지점을 남긴 시각이라 생각합니다. 그는 최근 모 시인이 최근 프로야구 게임의 흥미가 떨어진 이유를, 각 구단의 야구 스타일이 비슷해진 까닭이라고 분석하는 것을 들으며, 그것을 학술대회에도 유비할 수 있으리라 생각했다고 합니다.

에 대한 성찰이 필요한 이유입니다.[30] 인터넷DB는 연구의 용이함을 가져오기만 한 것도 아니고, 석사논문의 부피를 뚱뚱하게 만든 것만도 아니고, 비슷한 논문을 대량 생산할 여지 또한 열어두었습니다. 학진만 성찰의 대상이 되는 것이 아니라, 〈검색〉과 〈논문〉을 기반으로 하는 연구자들의 글쓰기 방식도 성찰의 대상입니다. (이 지적은, 지금 제가 쓰고 있는 이 글에도 그대로 적용되는 문제입니다. 글이 불필요하게 비만합니다.)

실천이라는 측면에서 볼 때, 지역/지방의 시각도 새겨볼 만합니다. '국' 문학이라고 불렀지만, 사실 그 '국'은 '서울'이었습니다. 상허학회와 민족문학사연구소의 학술대회는, 민족문학사연구소에서 의도적으로 순회했던 2010년의 경우를 제외하고는, 철저히 서울에서 열렸다는 사실 말입니다. 2010년 원주 학술대회를 다녀온 이후, 민족문학사연구소의 許弛 선생님은 "지역 회원들의 오랜만의 합류"에 대한 깊은 인상을 연구소 게시판에 적었습니다. 로컬리티가 학술대회와 발표문의 주제로 사용될 수는 있지만, 대부분 학술대회는 서울에서 개최됩니다.[31] 아울러 발표자들이 공부한 학교가 위치한 지역이나, 현재 재직하고 있는 지역을 중심으로 2000년대 학술대회의 구조도를 그려봄직도 합니다.

마지막으로 세대입니다. 앞에서 보았듯 연구자 세대③이 이제 학술대회에 발표를 하고 있습니다. 민족문학사연구소는 지난 해 12월 박사학위 취득 이전의 연구자들이 '공개발표회'를 가졌고,[32] 올 해도 가질 예정입니다. 상허학회 또한 〈청년 상허〉가 작년부터 구성되었고, 올 12월에 그들이 주축이 되어 학술대회를 가진다고 알고 있습니다.

앞으로도 학술대회는 〈學-'술'〉의 기본적이고 편만한 한 형태로 계속, 죽 이어질 것입니다. 90년대에도 심포지엄이 있었듯 말입니다. 하지만 '우리가 아는' 2000년대의 학술대회란 학진-연구방법론-세대라는 맥락 안에서 구성되어 활발히 수행된 하나의 연구의 방식입니다. 그렇다면 또 다른 세대, 또 다른 학술조건, 또 다른 연구방법이라면, 학술대회에서만 學과 '술'이 마주할 필요는 없을 것입니다. 또 다른 앎-노동의 형태가 필요합니다. 學은 고립되어 존재할 수 없습니다. 그렇다면 이제는 학술대회가 아닌 방식의, 앎과 삶들이 연대할 수 있는 또 다른 매개(medium)가 필요합니다. 學과 '술'의 우애로운 마주침은 계속 되어야합니다. 그 향방이 어디를 향할지 저는 아직 모르겠습니다. 2000년대 학술대회를 살핀 이 글은 지금까지와는 다른 방식의 〈學-'술'〉을 대망하며, '술'과 즐거움에 관한 연암 서간의 한 절을 가져와 贊을 갈음합니다.

---

30 한국 현대문학 연구자들만의 상황은 아닙니다. 한문학 연구자들은 이미 예전의 서당식 한문공부와 대학교 강의식 한문학습 사이의 간극을 지적해왔는데, 이제는 『한국문집총간』마저 웹에 DB로 구축되었습니다. 서양고전학에서도 그들이 살피는 고전텍스트 원문이 데이터베이스로 구축되었습니다. 데이터베이스 이름은 '계몽적이게도' 〈디오게네스〉라고 합니다. DB라는 파르마콘의 특징을 보여주는 이름입니다. 문자 텍스트를 기반으로 하는 연구자들에게 최근 몇 년 사이의 글쓰기 환경변화는 다른 연구자들에 비해 더욱 심합니다.

31 상허학회가 민족문학사연구소보다 좀 더 서울중심적입니다. 제가 가진 목록에서는 김선미, 「4 · 19의 지역적 전개과정: 부산지역을 중심으로」, '4 · 19, 낯선 혁명–역사의 풍경과 문학의 기억'(이화여대, 2010.4.3)가 유일하게 지역을 주제로 삼은 것입니다. 민족문학사연구소는 '한국문학의 로컬리티와 디아스포라'(연세대학교 원주, 2010.7.22~23) 및 '한국문학의 로컬리티와 지정학적 상상력'(인천 아트플랫폼, 2011.8.23~24) 두 차례의 학술대회를 개최했습니다. 이것은 단지 '로컬리티'가 '좀 오래된' 연구주제라고 하면서 쉽게 넘어갈 수 없는, 현실의 문제입니다.

32 민족문학사연구소, '민족/문학의 안과 밖 : 한국문학 연구의 확장과 모색'(숭실대, 2011.12.17)

"부디 그대는 흥이 나면 한번 찾아와, 이 동산에 가득 찬 죽순을 나물로 데쳐 먹고 개천에 가득한 은어를 회 쳐서 초고추장에 찍어 먹으며, 맑은 못의 굽이도는 물 위에 참마로 술잔을 띄워 흘려 보구려. 그러면 晉나라 諸賢의 풍류만 못하지 않을 것이요, 계축년의 修禊를 저버리지 않는다면 참된 즐거움을 누리게 될 것이오." (연암, 「與人」)

상허학회 정기 학술대회 정리 2000~2012

정리: 최은혜(고려대 국문과 석사과정)

2004

주제	한국문학사와 이태준
참고 사항	일시 : 2004. 6. 12(토) 오전 10시-오후 6시 장소 : 성신여자대학교 수정관 415호
발표 내용	* 현대소설사와 이태준의 위상 — 강진호(성신대) * 이태준 문학과 예술의 자율성 — 송인화(평택대) * 이태준의 언어의식 — 박진숙(과기대) * 이태준 문학에 나타난 '동양론'의 비교 연구 — 정종현(동국대) * 한국 전쟁 중의 이태준 - 『위대한 새 중국』을 중심으로 — 김재용(원광대)

2005

주제	반공주의와 한국문학
참고 사항	일시 : 2005년 5월 28일 (토) 10:00~18:00 장소 : 건국대학교 사범대학 117호
발표 내용	* 반공주의와 국가권력 — 김한식 (상명대) * 반공주의와 검열, 그리고 문학 — 이봉범(성균관대) * 문학교육과 정전구성의 논리 - 국어교과서를 중심으로 — 차혜영(한양대) * 공포증과 마음의 검열관 — 유임하(동국대) * 반공에 전유된 자유, 혹은 자유주의 — 김진기(건국대) * 전체주의적 '반공주의'와 순수 · 참여의 변증법 - 김춘추, 김수영, 김지하의 문학관을 중심으로 — 강웅식(고려대)

2006

주제	한국 근대문학 연구의 역사적 전환과 창조적 모색
참고 사항	일시 : 2006년 11월 4일 오전 10시~오후 6시 장소 : 이화여자대학교 학관 109호
발표 내용	* '문화론적 연구'의 현실인식과 전망 — 천정환(성균관대) * 근대문학과 근대문화제도 - 그 상관성에 대한 시론적 탐색 — 한기형(성균관대) * 연대와 전유의 갈등적 역학 - 포스트콜로니얼리즘, 탈민족주의, 젠더이론의 관계를 중심으로 — 권명아(한양대) * 현실의 전유, 텍스트의 공유 — 이경훈(연세대) * 한국(근대)문학의 세 가지 테제에 대한 비판적 재검토 - 감금과 자유의 21세기판 역설들 — 공임순(서강대) * 삶문학의 관점에서 본 한국문학의 근대성과 탈근대성 — 조정환(자율평론)

2007

주제	반공주의의 문학적 표상과 맥락
참고 사항	일시 : 2007년 6월 2일(토) 13:30~18:00 장소 : 건국대 상허연구관 424호 주최 : 건국대학교 인문과학연구소 · 상허학회
발표 내용	* 해방기 문학장 형성과 반공주의 작동양상 류경동(건국대) * 검열의 내면화와 정치적 발현 이봉범(건국대) * 반공주의 규율과 '국어' 교과서 연구 2 - 1~3차 교육과정의 국어교과서를 중심으로 강진호(성신여대) * 남정현 소설의 성 - 여성과 윤리, 그리고 반공주의 임경순(건국대)

2008

주제	일제 말기 미디어 장과 문화 정치
참고 사항	일시: 2008년 2월 22일 10:00~18:00 장소: 동국대학교 충무로 영상센터 2층 충무홀
발표 내용	*일제 말 전시체제기 기술적 이성 비판 차승기 (성공회대) *제의와 테크놀로지로서의 음악 윤대석 (명지대) *전시기 오락의 '명랑'한 '전사' 만들기 이화진 (연세대) *토키 시대의 침묵, 카메라 혹은 역사의 소실점 이영재 (도쿄대) *사실, 과학 그리고 '문학'의 신생 정종현 (동국대)

주제	'총서 불멸의 력사'와 북한문학의 전망
참고 사항	일시 : 2008년 6월 14일 13:00 - 18:00 장소 : 성신여자대학교 수정관 430호 소강당 주최 : 상허학회, 성신여대 인문과학 연구소
발표 내용	* '총서 불멸의 력사'의 성격과 의미 강진호(성신여대) * 김일성의 만주항일유격운동 신주백(성균관대) * 총서의 주제화 방법(『혈로』를 중심으로) 채호석(한국외대) * 총서와 인물 형상 김은정(성신여대) * 총서와 작가적 개성과의 거리(최학수론) 오태호(경희대) * 하이퍼링크 DB를 이용한 메타텍스트 연구 김원경(고려대)

2009

주제	해방과 분단, 분단과 전쟁 사이
참고 사항	일시: 2009년 7월 10일 10:00~18:00 장소: 동국대학교 문화관 4층 초허당 세미나실
발표 내용	*1940년대 후반 정치담론과 문학담론의 관계 김준현 (고려대) *'분실된 年代'의 자기표상 박연희 (동국대) *해방의 드라마, 유동하는 '청년' 권두현 (동국대) *해방기 젠더 변증법과 그 탈궤 가능성 류진희 (성균관대) *해방과 한국전쟁, 3차대전론의 단층들 정재석 (연세대) *한반도의 안과 밖, 해방의 서사들 유석환 (성균관대) *'오삐꾼(Опекун)'과 나 임유경 (연세대)

2010

주제	4·19, 낯선 혁명 – 역사의 풍경과 문학의 기억
참고 사항	일시 : 2010년 4월 3일(토) 10:00~18:30 장소 : 이화여대 인문관 111호 주최 : 이화여자대학교 인문학 연구원, 상허학회
발표 내용	* 4·19 공간 경험과 거리의 모더니티 오창은(단국대) * 전통이 된 혁명, 혁명이 된 전통 오문석(조선대) * 4·19, 자유의 수축과 변형 권보드래(동국대) * 소환되는 역사와 혁명의 기억 서은주(연세대) * 근대 초극 혹은 완성의 원년: 박종홍과 마루야마 마사오의 1960 김 항(고려대) * 4·19의 지역적 전개과정: 부산 지역을 중심으로 김선미(부산대)

주제	1970, 반-정전의 대중사회
참고 사항	일시 : 2010년 11월 27일(토) 장소 : 동국대 충무로영상센터 2층 충무홀
발표 내용	* 1970년대 논픽션과 소설의 관계양상 연구 김성환(포항공대) * 1970년대 전집 붐과 반-정전으로서의 꽁트 이정숙(서울대) * 실존, 지프차, 에세이 – 1960년대 에세이의 유행과 교양의 유통 조은정(성균관대) * 1970년대 연작소설의 장르인식 연구 용석원(건국대) * 1960년대 한국문학전집 발간과 문학정전화의 실험 혹은 출판이라는 투기 이종호(동국대) * 유신체제의 대중인식과 대중동원 황병주(국사편찬위원회) * 1970년대 한국의 대중사회화와 대중소비문화의 정치적 의미 송은영(고려대)

2011

주제	공동체, 유토피아, 친밀성
참고 사항	일시 : 2011년 7월 8일 장소 : 동국대 충무로영상센터 충무홀 주최 : 동국대 스토리텔링연구소, 상허학회
발표 내용	* 연대 없는 공동체와 '타자-문학'의 정치학 소영현(연세대) * 시와 유토피아 권혁웅(한양여대) * 반근대, 공동체, 유토피아 고봉준(경희대) * 친밀성 영역의 계몽과 문학의 근대성 – 이광수와 1920년대 초기 동인지 문학을 중심으로 김행숙(강남대) * 만주국 후기 조선인 문학의 시공간 재현구조와 유토피아 지향성 연구 김미란(성균관대) * 권력의 기원 – 말과 권력 혹은 언어의 수행성 이수형(서울대)

2012

주제	시대 · 논제 · 이론 – 문학비평과 문화연구
참고 사항	일시 : 2012년 2월 9일(목) 장소 : 성균관대학교 육백주년기념관 6층 첨단강의실
발표 내용	* 근대성 담론과 문학비평/연구 류보선(군산대) * 식민지 문학 연구의 탈장르 · 탈텍스트주의적 흐름과 그 의미 하재연(원광대) * 비평의 4·19, 문학연구의 4·19: 학술/비평의 계보 김영찬(계명대) * 4·19의 유산과 궁핍한 시대의 리얼리즘 – 1960~70년대 백낙청의 비평과 역사의식 김수림(고려대) * '정치'의 진화와 전화(轉化) – 운동에서 윤리까지 정한아(연세대) * 외부로부터의 격발들, 이론과 (비)장소 – 한국 현대문학연구의 지정학 혹은 그래프, 지도, 수형도 황호덕(성균관대)

2012

주제	고유성의 지정학, 한국(문)학의 학술사적 변동
참고 사항	일시 : 2012년 7월 20일 (금) 장소 : 서울역사박물관 1층 강당 주최 : 상허학회/인하대한국학연구소 학술대회
발표 내용	* 북미에서의 한국학 연구 — Dafna Zur(계명대) * 『조선학보』를 통해 본 일본 내에서의 조선학 — 최태원(동경외대) * 식민지기 조선(문)학의 아카데미즘 — 류준필(인하대) * 전후 미국의 동아시아론과 한국학의 기원 — 장세진 (인하대) * 해방 후 남/북의 학술적 분기 — 장지영(성균관대) * 토착 지성의 해방 전후 — 김건우(대전대)

민족문학사연구소 정기 학술대회 정리 2000~2012

2000

주제	전환기 한국문학 연구의 방향
참고 사항	창립 10주년 제7회 심포지엄(성균관대 대동문화연구원 공동주최) 일시 : 2000년 12월 2일(토) 장소 : 성균관대 600주년 기념관 첨단강의실
발표 내용	* 한국문학의 안과 밖 — 최원식(인하대) – 토론: 황종연(동국대) * 문화 전환기에 돌아보는 문학의 개념과 위상 — 신동흔(건국대) – 토론: 김동식(인하대) * 복수의 근대와 민족문학 — 하정일(원광대) – 토론: 이경원(연세대 영문과) * 21세기의 문학연구 – 대상 · 태도 · 방법의 조화 — 김동환(한성대) – 토론: 권성우(동덕여대)

2001

주제	21세기에 구상하는 새로운 문학사론
참고 사항	제8회 학술 심포지엄 일시 : 2001년 8월 22일 장소 : 원주 토지문학관
발표 내용	* 민족문학과 민족문학사 인식의 전환을 위하여 — 김명인(인하대) * 민족주의 담론과 한국문학사 — 김현양(명지대) * 디아스포라와 국문학 — 이연숙(히토쯔바시 대학) * 풍속 · 문화 · 문학사 — 김동식(서울대) * 제국주의와 북한문학 — 김재용(원광대)

2002

주제	프롤레타리아 문학의 재조명
참고 사항	제9회 학술 심포지엄 일시 : 2002년 7월 24일(수) 장소 : 남한강 연수원
발표 내용	* 기조발제 : 지금 왜 프로문학인가 — 최원식(인하대) * 프로문학, 민족문학, 세계문학 — 신두원(인하대) – 토론: 임규찬(성공회대), 한수영(동아대) * 맑시즘과 내셔널리즘(일본프로문학과 한국프로문학) — 小森陽一(동경대) – 토론: 박유하(세종대), 이병훈(고려대) * 프로문학과 북한문학의 기원 — 김성수(성균관대) – 토론: 서경석(한양대), 김경숙(이화여대) * 한국 근대비평사를 바라보는 하나의 관점(프로문학과 리얼리즘) — 이현식(인천발전연구원) – 토론: 유문선(한신대), 전승주(서울대) * 문학과 이데올로기, 주체 그리고 윤리학(프로문학과 모더니즘) — 차원현(서울대) – 토론: 채호석(홍익대), 김양선(서강대)

2003

주제	3·1운동과 5·4운동 이후 한중 신문학 운동의 성격	
참고 사항	제1회 민족문학사학회 – 한국중국현대문학회 공동 학술토론회 일시 : 2003년 6월 14일(토) 오후 1시-6시 장소 : 한국외국어대학교 애경관	
발표 내용	* 3·1운동 전후 비평과 근대성 – 이광수, 김동인, 염상섭을 중심으로	임규찬(성공회대)
	* 5·4 계몽담론에 대한 일고찰	백지운(연세대)
	* 염상섭 소설을 통해 본 3·1운동 이후의 현실 인식	박상준(한신대)
	* 주작인(周作人)과 자유주의 문학	김미정(서울대)

주제	한국 근대문학의 식민성과 탈식민성	
참고 사항	제10회 정기 학술대회 일시 : 2003년 9월 19(금) 장소 : 성균관대학교 600주년기념관	
발표 내용	* 탈식민과 민족문학	하정일(원광대) – 토론:박헌호(성균관대)
	* 탈식민과 프로문학	채호석(한국외대) – 토론:류보선(군산대)
	* 탈식민과 모더니즘	임병권(인하대) – 토론:김민정(포항공대)
	* 탈식민과 페미니즘	김양선(한림대) – 토론:권명아(연세대)
	* 친일전향문학론	이상갑(한림대) – 토론:박수연(충남대)
	* 혼혈/혼성과 주체의 문제	최현식(연세대) – 토론:김경원(서울대)

주제	16세기 소설사의 재인식	
참고 사항	제11회 정기 학술대회 일시: 2003년 12월 20일 토요일 오후 1시 장소: 숭실대학교 벤처센터 309호	
발표 내용	* 〈薛公瓚傳〉 파동과 16세기 소설사의 추이	정환국(성균관대)
	* 16세기 夢遊錄과 사대부적 욕망의 우의적 변형	조현설(고려대)
	* 16세기 중반 소설사의 한 경향 – 〈天君傳〉의 경우	장경남(숭실대)
	* 〈催孤雲傳〉의 형성배경과 '반중화적 의식'의 의미	조상우(단국대)

2004

주제	1970년대 희곡의 경향과 이데올로기	
참고 사항	정기 학술대회 일시 : 2004년 9월 11일 (토) 장소 : 인하대학교 정석학술정보관 국제회의실(6층)	
발표 내용	* '1970년대 연극 제도와 국가 이데올로기'	박명진(중앙대) – 토론:구자황(성균관대)
	* '1970년대 희곡의 국가주의와 유신에의 자발적 협력'	윤진현(인하대) – 토론:김윤태(서울대)
	* '여성재현의 새로운 방식들 : 오태석 · 이현화 · 김숙현'	김옥란(한양대) – 토론:김승옥(성신여대)
	* '〈진동아굿〉 연구'	김재석(경북대) – 토론:이영미(한국예술종합학교)
	* '소통의 단절과 관계의 부재'	배선애(성균관대) – 토론:최상민(조선대)

주제	18세기 近畿 文壇의 지형과 그 창조적 방향 – 南人系를 중심으로	
참고 사항	정기 학술대회 일시: 12월 18일(토) 1:30-6:00 장소: 성균관대 600주년기념관 3층 제1회의실	
발표 내용	* 18세기 한국한시의 실험성에 대한 試論 – 이광사, 이용휴, 유경종을 중심으로	김동준(홍익대)
	* 姜浚欽과 ≪三溟詩話≫	이현일(한양대)
	* 이철환의 伽倻山 遊記 ≪象山三昧≫에 대하여	김영진(성균관대)
	* 17세기 후반 – 18세기 전반 南人 文壇의 散文論	송혁기(고려대)

2004

주제	식민지시대 조선의 자화상 - 역사학과 문학사 연구자들이 '개벽'을 함께 읽다
참고 사항	한국역사연구회 · 민족문학사학회 연합심포지움 일시 : 2004년 11월 20일(토) 장소 : 서울역사박물관 1층 강당(지하철 '광화문역')
발표 내용	* 사회: 박헌호(외국어대), 공동연구의 변 * '개벽'을 낳은 현실, '개벽'에 담긴 희망 김정인(춘천교대) * 식민지 시대의 타자인식과 자기 구성 방식 - '개벽'의 해외 지지류 담론을 중심으로 차혜영(한양대) * '개벽'과 신경향파 문학 박수용(성균관대) * 운양 김윤식의 죽음을 대하는 두개의 시각 임경석(성균관대) * 논쟁의 정치와 '민족개조론'의 글쓰기 김현주(포항공대)

2005

주제	천태산인과 동아시아 문학의 지평
참고 사항	天台山人 誕辰 100周年 記念 學術發表大會 (학술 공동 심포지움) 일시 : 2005년 11월 26일 (토) 10:00 - 18:30 장소 : 서울대학교 멀티미디어강의동(83동) 204호 주최 : 서울대중문과 · 민족문학사연구소 · 한국중국현대문학학회
발표 내용	* 동아시아의 지식인 김태준 서경호 (서울대 중문과) * 사상사에서 본 천태산인 박희병 (서울대 국문과) - 토론: 김하림 (조선대 중문과), 조현설 (서울대 국문과) * 김태준과 호적의 문학사 서술의 특징 - ≪조선한문학사≫와 ≪백화문학사≫를 중심으로 홍석표 (이화여대 중문과) * 김태준과 임화 신두원 (인하대 국문과) * 천태산인의 발자취를 따라 (1) - 晋察冀 일대를 둘러보고 유중하 (연세대 중문과) - 토론: 심혜영(성결대 중문과), 류보선(군산대 국문과), 공상철(숭실대 중문과)

주제	한중일 초기 서사의 형성과정과 그 성격
참고 사항	일시: 2005년 12월 17일(토) 10시~18시 장소: 성균관대학교 600주년기념관(6층) 첨단강의실 주최: 민족문학사학회 · 성균관대 대동문화연구원
발표 내용	* 일본 초기 산문에서의 '모노노케'의 역할 - 『원씨물어』를 중심으로 김수희(고려대) * 육조지괴 속에 보이는 변신의 상상력 이연희(이화여대) * 7-9세기 배경설화에 나타난 '天神'의 인격화와 그 의미 - 『삼국유사』 소재 설화를 중심으로 윤혜신(연세대) - 토론: 조현설(서울대) 박계화(연세대) 김준형(고려대) * 『萬葉集』 '전설가'의 형성과 율령관료지식층 임경화(고려대) * 중국 초기 박물서사의 형성과 전개 정민경(이화여대) * 초기 서사에서의 '神異性' 정환국(성균관대) - 토론자: 시미즈 아케미(일본대학) 김현양(명지대) 이민숙(외국어대)

2006

주제	탈근대 문학담론 비판
참고 사항	일시 : 2006년 12월 15일 (금) 오전 10시~오후 6시 장소 : 동국대학교 덕암세미나실
발표 내용	* 탈근대 담론 : 해체와 폐허 하정일(원광대) - 토론:황종연(동국대) * 탈식민주의론과 실재의 지평 박수연(충남대) - 토론:윤대석(인하대) * 파시즘 담론 비판 신두원(인하대) - 토론:권명아(한양대) * 탈근대 · 탈민족 담론과 페미니즘(문학) 연구, 경합과 교섭에 대한 비판적 읽기 김양선(한림대) - 토론:구재진(국민대) * 사실, 텍스트, 글쓰기 - 풍속 · 문화론적 연구와 '사실'의 지위 차혜영(한양대) - 토론: 천정환(성균관대)

2007

주제	고전문학 연구의 현재와 새로운 정체성의 모색
참고 사항	일시 : 2007년 12월 21일(금) 12시~18시 장소 : 동국대학교 다향관 세미나실
발표 내용	* 민족주의 담론과 북한의 문학사 김현양(명지대) * 문화적 관점의 고전연구, 그 본질과 전망 이지양(부산대) * 여성주의와 고전문학 조현설(서울대) * 고전시가, 논쟁의 복원을 위하여 김용찬(한중대) * 고전서사의 환상성에 대하여 정환국(동국대)

2008

주제	임화 문학의 현재성
참고 사항	임화 탄생 100주년 심포지엄 일시 : 2008년 10월 18일(토) 장소 : 숭실대 베어드홀 102호(18일)
발표 내용	* 총론 : 임화 민족문학론의 현재성 김명인(인하대) * 변증법적 사상가로서의 임화 신두원(문학평론가) – 토론: 권성우(숙명여대) * 일제 말기 임화의 언어의식과 내적 저항 윤대석(명지대) – 토론: 김수림(고려대) * 임화의 신문학사 인식과 전통 김현양(명지대) – 토론: 한기형(성균관대) * 해방 후 임화의 시작활동과 비극적 세계인식 박정선(경북대) – 토론: 김신정(인천대) * 리얼리즘의 승리에서 텍스트의 무의식으로 김동식(인하대) – 토론: 권보드래(동국대)

2009

주제	개발/계발과 문학
참고 사항	일시 : 2009년 6월 12일(금) 10:30~18:30 장소 : 명지대학교 인문캠퍼스 대학본부 행정동 3층 대회의실
발표 내용	* '교양'의 탄생 윤대석(명지대) – 토론: 소영현(연세대) * 교양의 정치학 : 내선일체와 교양주의 허병식(동국대) – 토론: 하정일(원광대) * 입신출세주의와 이태준의 『사상의 월야』 조성면(인하대) – 토론: 신수정(명지대) * 1960년대 처세서와 '교양'의 재구조화 천정환(성균관대) – 토론: 이혜령(성균관대) * 1960년대 농촌 근대화 담론과 농민소설 정홍섭(서울대) – 토론: 구자황(성균관대) * 일제 말기 카프 작가의 생산력주의 이경재(아주대) – 토론: 양윤의(순천향대)

주제	위기의 시대, 남북한 문학사의 행방
참고 사항	일시 : 2009년 12월 19일(토) 오전 10:30~오후 6:00 장소 : 숭실대학교 형남공학관 115호
발표 내용	* 위기의 시대, 북한의 우리 문학사 인식 – 남북 현대문학사의 통이(通異) 김성수(성균관대) – 토론: 오창은(단국대) * 북한의 우리 문학사 서술의 향방 – 근대문학 이전의 문학사 서술을 대상으로 김현양(명지대) – 토론: 전영선(단국대) * 북한의 조선전기 문학사 서술의 실상과 의의 장경남(숭실대) – 토론: 김형태(연세대) * 북한의 고려시대 문학사 서술, 그 의의와 한계 김준형(고려대) – 토론: 윤혜신(포항공대) * 근대시와 주체미학: 19세기말~1926년의 경우 최현식(경상대) – 토론: 김응교(숙명여대) * '사회주의미학'에서 '주체사실주의'로의 이행 – '해방후 평화적 민주건설시기'에 대한 북한문학사의 기술 변화 유임하(한체대) – 토론: 오태호(경희대)

2010

주제	문학사를 다시 생각한다
참고 사항	연구소 창립 20주년 기념 심포지엄 및 기념식 일시 : 2010년 4월 24일(토) 오전 10:30~오후 6:30 장소 : 성신여자대학교 수정관 B동 430호 주최 : 민족문학사연구소/학회, 성신여자대학교 인문과학연구소
발표 내용	* 총론 - 문학사 서술은 불가능한가 김명인(인하대) - 토론: 강명관(부산대) * 한국 문학사 서술의 경과와 한계 비판 김준형(고려대) - 토론: 서영채(한신대) * 문학사와 문학교육 정재찬(한양대) - 토론: 김현양(명지대) * 한국문학과 민족문학 권보드래(동국대) - 토론: 고명철(광운대) * 욕망의 고현학 - 풍속사연구의 사회 · 문화적 조건과 이데올로기 전봉관(과기대) - 토론: 하정일(원광대) * 임화의 신문학사론 재검토 - 이식과 문학사 윤대석(명지대) - 토론: 신두원(민족문학사연구소) * 남북 문학사의 상호 인식과 통합 가능성 김성수(성균관대) - 토론: 신동호(한양대)

주제	한국문학의 로컬리티와 디아스포라
참고 사항	민족문학사연구소 창립 20주년 2차 기념 심포지엄 일시 : 2010년 7월 22(목)~23일(금) 장소 : 연세대학교 원주캠퍼스 청송관 104호 세미나실
발표 내용	* 제천 의림지의 문학지리학 권순긍(세명대) - 토론: 장경남(숭실대) * 전란 · 변경 · 동아시아 정환국(동국대) - 토론: 김현양(명지대) * 근대 서북지역 지식인의 지역정체성 장유승(서울대) - 토론: 신상필(성균관대) * 강원도와 한국근대민족문학 양문규(강릉대) - 토론: 김명인(인하대) * 한국근현대시의 북선루트의 심상지리 정우택(성균관대) - 토론: 유성호(한양대) * 로컬과 글로컬의 상상지리 - 1950, 60년대 여성작가를 중심으로 김양선(한림대) - 토론: 김은하(중앙대) * 망명객 신채호와 디아스포라 구장률(연세대) - 토론: 하정일(원광대) * 백석 · 일본 · 아일랜드 김응교(숙명여대) - 토론: 이현식(인천문화재단)

주제	한일병합 100년, 한국문학의 식민성과 탈식민성
참고 사항	민족문학사연구소 창립 20주년 3차 기념 심포지엄 일시 : 2010년 8월 28일(토) 장소 : 충북대학교 개신문화관 1층
발표 내용	* 총론 : 탈식민과 근대극복 하정일(원광대) * 남정현의 〈분지〉를 통해 본 한국 근대소설의 식민성 김승환(충북대) - 토론: 강찬모(청주대) * 프로시에 나타난 탈식민적 지향의 양상 유성호(한양대) - 토론: 박순원(청주대) * 1920년대 인도문학의 영향과 탈식민적 관점 오문석(조선대) - 토론: 김영범(충북작가회의) * 해방 직후 채만식 문학과 탈식민성 류보선(군산대) - 토론: 임기현(충북대) * 국가 상상의 경계 박수현(충남대) - 토론: 구인모(고려대)

주제	프로문학의 재검토
참고 사항	민족문학사연구소 창립 20주년 4차 기념 심포지엄 일시 : 2010년 10월 9일(토) 장소 : 경북대학교 인문대학 2층 주최 : 한국문학언어학회, 민족문학사연구소
발표 내용	* 총론: 문학과 정치 재고 - 프로문학의 재검토 손유경(아주대) - 토론: 전은경(경북대) * 김기진의 신경향파 문학 담론 재검토 이원동(경북대) - 토론: 박상준(포항공대) * 식민지 매체와 프로문학의 매체 전략 박정선(경북대) - 토론: 서재길(서울대) * 사회주의와 낭만의 조우 최병구(성균관대) - 토론: 김경미(경북대) * 프로연극과 번역 이민영(경북대) - 토론: 이승희(성균관대) * 프로문학과 윤리적 주체: '물' 논쟁 구재진(서울시립대) - 토론: 류동규(경북대) * 프로문학과 여성 서영인(경북대) - 토론: 윤진현(인하대)

주제	문학과 정치 혹은 문학의 정치
참고 사항	일시 : 2010년 12월 22일(수)~23(목) 장소 : 부산대 인문대 5층 시습관
발표 내용	* 기조발제 문학과 정치 혹은 문학의 정치 최원식(인하대) * 16-7세기 사람파 문인의 자기정체성과 지역의 정치학 정출헌(부산대) - 토론: 신상필(성균관대) * 15-6세기 오륜 담론의 전개양상과 그 의미 하윤섭(고려대) - 토론: 김용철(부산대) * 1930년대의 한국문학과 정치 채호석(한국외대) -토론: 이재봉(부산대) * 사랑의 담론과 정치적인 것 권명아(동아대) - 토론: 차원현(경주대) * 전쟁의 기억, 그 서사의 문제 - 임진왜란 관련 서사를 중심으로 조현우(인천대) - 토론: 송철호(부산대) * 총동원 시대의 문학과 정치 서재길(서울대) - 토론: 김대성 * 문학의 정치적 가능성 정영훈(경상대) - 토론: 권보드래(동국대) * 민족문학과 지역문화 박훈하(경성대) - 토론: 최현식(경상대)

2011

주제	한국문학의 로컬리티와 지정학적 상상력
참고 사항	민족문학사연구소 인천문화재단 인하대 한국학과 공동 심포지엄 일시 : 2011년 8월 23일~24일 장소 : 인천 아트플랫폼 C동 공연장
발표 내용	* 움직이는 중심들, 가능성과 선택으로서의 로컬리티 정주아(서울대) - 토론: 박성란(인하대) * 18세기 호남 선비 황윤석의 '호남 살리기' 이지양 (연세대) - 토론: 정환국(동국대) * 18세기 京·郊 지역 시조 향유의 일단과 京華士族 남정희(이화여대) - 토론: 이영태(인하대) * 1910년대 인천 가부끼좌의 공연 레파토리 윤진현(인하대) - 토론: 이승희(고려대) * 기행 한시에 나타난 식민의 대지 - 〈仁川雜詩〉와 〈沁都記行〉을 중심으로 김창수(인천발전연구원) - 토론: 심원섭(인하대) * 김유정 문학의 로컬리티와 내부 디아스포라 하정일(원광대) - 토론: 손유경(아주대)

주제	'민족/문학'의 안과 밖 - 한국문학 연구의 확장과 모색
참고 사항	일시 : 2011년 12월 17일(토) 오전 10시50분~오후 6시 장소 : 숭실대학교 법학관 522호
발표 내용	* 민족/민중/근대 문학으로서의 고소설에 대한 비판적 성찰 - 내재적 발전론과 고소설 연구의 상관관계를 중심으로 이종필(고려대) * 조선 중기 문학에서의 '글쓰기'와 '정치' - 於于 柳夢寅의『大家文會』와『安邊三十二策』을 중심으로 김홍백(서울대) * 문학시장의 형성과 인쇄매체의 역할: 1917년 전후의 문학 사적 상황과 그 의미 유석환(성균관대) * 한국 근대소설과 '기자-작가' - 현진건을 중심으로 박정희(서울대) * 민족/국민주의와 소비주의 사이 - 근대의 '국산' 광고 담론을 중심으로 권창규(연세대) * 민족/국가 표상의 공백들 - 해방기 미디어에서의 '재일조선인'이라는 투시법 조은애(동국대)

2012

주제	전쟁과 (국가)폭력
참고 사항	일시 : 2012년 7월 25(수)~7월 26일(목) 장소 : 노근리평화공원
발표 내용	* 〈강도몽유록〉 다시 읽기 김일환(동국대) * 전쟁상태적 신체의 정동 - 박완서, 손창섭, 장용학을 대상으로 권명아(동아대) * 1960년대 소설에 나타난 전쟁 경험의 내재화와 자기 검열의 문제 - 이청준과 김승옥을 중심으로 이현석(아주대) * 한국전쟁과 노근리 김응교(숙명여대)

49:51의 선택

상허학회의 '국가 등재지 제도' 수용 전후 사정

이선미
동국대

정확한 날짜나 숫자로는 잘 기억나지 않는다. 그러나 어떤 장면으로는 비교적 또렷이 기억난다. 결정을 하는 과정이 쉽지 않아서 여러 번에 걸쳐 논의를 했기 때문이다. 무엇을 얻고 무엇을 잃을 것인가를 놓고 심각하고도 진지하게 오랫동안 고심했던 기억, 그 토론이 벌어졌던 이화여대 인문관 강의실은 선명하게 하나의 장면으로 떠오른다. 아마도 1999년이었을 것이다. 소위 '학술진흥재단 체제'의 출발점이었던 '등재지 제도'가 이제 막 퍼져나갔던 때이다.

많은 사람들이 알고있듯이 1987년은 하나의 체제로 정의될 만큼 많은 변화들을 낳았던 기점이다. 학술사에서도 1990년대 이후 여러 연구단체들이 생겨나면서 학회나 연구소의 형식으로 학문적 활동을 사회적 관계 속에서 구축하고자 하는 움직임이 활발했다. 상허학회 역시 이태준을 모더니스트의 관점에서만이 아니라 남북을 넘나드는 문학의 현대적 과제를 끌어안는 작가로서 연구하고자 하는 몇몇 젊은 연구자들의 열정의 소산이다. 이름도 그에 걸맞게 상허문학회였다. 문학연구를 직업으로 삼고있지만, 직업을 얻기 위해 논문을 써야한다는 프로의식(?)이 부끄러웠던 시절의 연구 소모임이었다고 하면 너무 낭만적일까? 그렇지만 공부한 것을 발표해서 신나게 얻어맞고 분풀이로 술먹다가 서로 친구가 되는, 대학 문학써클 수준의 낭만적 우정이 상허학회 구성원의 연대의식의 바탕을 이루었다는 점은 학회의 중요한 정체성이었다.

욕먹고 술먹으면서 다진 우의는 쉽게 헤어지지 못하게 하는 불가사의한 유인력이 되었고, 점점 더 공적인 구조로 발전할 수밖에 없던 때에 상허문학회는 상허학회로 변신하면서 연구자의 국가관리 시스템인 등재지 제도를 놓고 고심하게 되었던 것이다.

한 번 논의해서 결정나지 않았다. 적어도 다섯 번은 열띤 회의를 거친 듯하다. 전혀 합의할 수 없었기에 다수결로 표결에 부쳐서 '11:12'로 학진 체제를 수용하게 되었다.[1] 이때 가장 설득력을 발휘했던 것이 '49:51의 논리'였다. 어차피 어떤 것을 선택하더라도 다 건질 수는 없을 것이다. 결국 선택한 상황은 '49:51'로 잃는 것과 얻는 것을 가름할 수밖에 없다. 우리는 '2'를 더 얻기 위해 선택할 뿐이다. 그렇지만, 지금 '2'를 얻는 것은 중요하다.

'등재지 제도'는 편리하게 연구자들까지도 관리할 수 있는 표준화/계량화 제도이다. 연구의 질이 가장 중요한 인문학 연구자들을 표준적인 수치로 분류하고 실체화하는 구조다. 인문학자로서 살아가고자 하는 사람들이 이런 계량적 관리 시

1 11:12의 표결 숫자는 전임 회장이며 오랫 동안 학회의 실무 관련 일을 진두지휘하시던 이종대선생님의 기억과 자료의 도움으로 찾아낸 사실이다. 여러 번의 회의를 거쳐 논의했으나 합의를 보지 못하여 결국 표결에 부쳤다. 논의에 참여한 사람들이 다 생각나진 않지만, 1표 차이는 이 논의가 얼마나 격렬하고 심각한 것이었는가를 말해주는 사실fact라고 생각했다. 이 숫자는 새삼 연구자로서의 삶을 돌아보게 하였다.

스템을 폭력으로 느낀다는 것이 특별할 것은 없었나. 특히 상허학회는 논문의 질을 담아낼 수 있는 공동체적 관계를 중요시했기에 국가의 관리시스템을 구조적으로 거부해야 한다는 의견이 압도적이기도 했다. 그렇지만, 이제 삼십대 초반에 접어든 대다수 연구자들은 생활인이기도 했다. 제도가 보장하는 안정적인 연구조건이 가장 절실한 나이였다. 게다가 1990년대는 386세대의 제도권 진입과 그로인한 새로운 제도의 발견이 널리 인정받았던 때이다. 연구자들은 대학이나 공공기관

연구소 소속의 교수와 학자가 되어 좀더 체계적이며 공적인 학문적 성취를 전망했다. 국가가 관리하는 제도 속에서 잃는 것이 있다는 것을 알고 있지만, 제도권역에서 하고싶은 것을 할 수 있도록 만들자는 '희망적 선택'을 아무도 부정하지 않았다. 결국 '49:51'의 셈법에서 도출된 '2'의 성과를 기대하며 학진 시스템을 수용하기로 결정했다. 비록 독립운동은 아니었지만, 상허학회가 학진 시스템을 수용하는 과정은 지난한 현실 점검의 시간이었으며, 더 나은 학문적 활동과 연구의 질을 기대하는 다짐의 시간이었다.

그렇게 학진 시스템으로 진입하여, 문학회 수준이었던 상허학회는 여러 대학에서 인정하는 학회로 자리잡았다. 그 논의를 이끌었던 연구자들은 대학교수가 되고 성장한 아이들의 부모가 되어, 사회의 중견으로서 손색이 없는 사람들이 되었다. '49:51'로 정리하면서 기대했던 '51'은 어느 정도 달성했는지도 모른다. 그러고보니, 이 즈음에 잃어버리게 될 것 같아서 고심하며 놓지 못했던 '49'는 어떻게 되었을까를 자꾸 생각하게 된다.

작년 경부터 한국연구재단은 거의 모든 학회들이 학술지를 등재지로 유지하고 있는 상황을 점검하면서, 학술지 등재 제도를 없애고 학술지를 평가하는 새로운 제도를 만들고자 분주히 움직이고 있다. 설문조사를 위한 메일을 연구자들에게 쉴새없이 보내는가 하면, 인용지수를 새로운 평가의 기준으로 제시하며 학회를 서열화하고 있다. 그리고 이미 국가 지원(관리) 시스템에 너무 익숙해져버린 대부분의 학회들은 어떻게 해서든지 학회의 구조를 재편하고 일신하여 새로운 관리 시스템에서 낙오되지 않기 위해 이웃 학회를 곁눈질하며 준비하고 있다. 학회는 원래 국가 지원 구조 속에서 유지되는 것이라는 듯이, 아무도 이런 학회의 구조적 상황을 의심하지 않는다. 그저 국가의 연구자 관리 시스템을 충실히 수행하는 현실이다. 이런 때에, 1999년 학진 시스템 수용여부를 둘러싼 상허학회의 '11:12'의 11표가 주장했던 놓칠 수 없는 '49'를 되돌아본다.

최근에 읽은 에드워드 사이드의 『지식인의 표상』(마티, 2012)의 한 구절은 이런 심사를 반영하듯이 자꾸 떠오른다.

> 이제 독립적이고 자율적인 지식인이라는 게 과연 존재하는지, 그런 지식인이 과연 존재할 수 있는지에 대한 의문이 남습니다. 즉, 자신에게 보수를 지불하는 대학에, 충성과 당파적 노선을 요구하는 정당에, 연구의 자유를 재공하지만 아마도 상당히 미묘하게 판단을 절충해내고 비판적 목소리를 제한하는 두뇌집단에 소속됨으로써 행동을 제약받는 존재가 아닌, 자율적으로 기능하는 지식인이 가능한가 하는 물음입니다.(83쪽)

사실, 어떤 이념을 공유한 학문적 공동체도 아니고, 사회적 변혁을 지향하는 정치적 결사체도 아닌, 그저 이태준을 모더니즘의 자장을 넘어 한국 근대문학사의 지성사적 관점에서 평가하고자 하는 연구자 모임을 놓고 지식인의 소명이나 사회적 존재방식을 운운한다는 것은 아무래도 비약임을 잘 안다. 게다가 지식인이란 자기 집단의 이해관계를 대변하는 자가 아니라, "그런 집단주의에 맞서 할 말을 해야하는 자"로 정의하는 사이드의 말을 떠올리는 것은 더 어울리지 않는다. 그러나 상허학회의 20년 시간을 되돌아보며 국가관리 시스템 수용 여부를 놓고 벌였던 진지한 논의 과정을 기억함으로써 기록할 때, 적어도 그 논의에 참여했던 연구자들이 몇 날에 걸쳐 심각하게 시간을 끌 수밖에 없었던 심사는 이런 지식인적 정체성과 무관하지 않았다는 것을 밝히고싶다. 그때 '49:51'이라는 다소 무력한 지기인식을 공유하면서도, '11:12'의 박빙의 표 대결로 겨우 결정할 수 있었던 상허학회 구성원들의 심사는, 지식인이라는 자신의 정체성을 놓지고 싶지 않은 강렬한 욕망의 흔적으로 기록할 만한 것이다. '등재지 제도' 수용을 둘러싼 저간의 사정은 상허학회의 정체성을 구성하는 과거로서 돌아볼 만한 시간이라고 감히 말한다. 과거는 결국 누가 어떻게 기억하는가의 문제다. 적어도 나는 상허학회를 이렇게 기억한다. 그리고, 또는 그래서 상허학회는 나를 있게 해준, 그리고 나를 구성한, 내가 만든 물질적 실체로서 존재한다. ■

상허학회 만들 무렵

김한식
상명대

현 '상허학회'의 전신인 '상허문학회' 초창기, 이태준과 '구인회' 연구를 진행하면서 몇몇이 농담처럼 말하곤 했다. 조용만이 「구인회 만들 무렵」을 남겼듯이 「상허문학회 만들 무렵」이라는 글을 쓰게 될 날이 올 것이라고. 기록자는 당시 가장 나이가 적었던 내 몫이 될 것이라 했는데 지금 그 농담이 현실로 되고 말았다. 나는 자랑스러운 일보다 부끄러운 일을 잘 떠올리는 성격이라 과거를 기록하는 일 따위는 좀처럼 하지 않는다. 거기다 조용만의 글은 회원들이 월북하거나 작고하여 기록을 남겨야 할 필요가 있을 때 쓰인 것인데, 지금은 창립 멤버들이 시퍼렇게(?) 살아 활동하고 있지 않은가. 가감 없이 말하는 데 지금 내가 이 글을 쓰는 이유는 순전히 극악한 선배들 사이에서도 순종적이고 평화롭게 살아온 나의 성격 때문이다.

어찌 되었든 '상허'가 20년을 맞이하였다 하니 이런 저런 생각들이 모니터 위를 뛰어다닌다. '춘원'이나 '지용', '횡보'나 '이상'도 아닌 '상허'를 중심으로 모여 이제는 젊은 연구자들이 한두 번은 기웃거리게 되는 대중적 학회가 되었으니 뿌듯한 마음도 없지 않다. 변변히 내세울 만한 것은 없지만 지난 20년 내 공부의 절반을 이곳에 담그고 있었으니 애정이야 더 말해 무엇하겠는가. 모든 일이 정확히 기억나지는 않지만 학회가 만들어지고 몇 년 동안의 일을 간단히 적어보려 한다.

상허로 모여

1992년 겨울로 기억한다. 석사 2학기 때다. 한 선배로부터 공부 모임 이야기를 들었다. 몇 학교 젊은 연구자들이 모여 공동 연구 모임을 만들었다는 것이다. 굳이 상허 연구자가 아니어도 관계는 없다고 했다. 개강 전까지 크게 할 일도 없었고 무슨 공부를 할지 막막하던 시기였기에 별 고민 없이 모임에 참가했다. 몇몇은 준비 모임 등을 통해 얼굴을 알고 있는 듯했다. 모임에 가서야 석사 학위 없는 사람이 나 하나이고 나이도 내가 가장 어리다는 사실을 알게 되었다.

초창기 모임 장소는 인사동 깊은샘출판사였다. 종로에서 허리우드 극장을 지나면 횡단보도를 만나는 데 그 왼쪽에 그리 크지 않은 건국 빌딩이 있었다. '상허'의 산실이라고 할 수 있는 깊은샘이 그 건물에 자리하고 있었다. 보통 한 번에 여섯 명 전후가 모였던 것 같다. 민충환, 박현숙, 강진호, 이선미, 장영우, 이병렬, 박헌호, 이명희 그리고 내가 꾸준히 참석하던 멤버였다. 공식적인 모임의 이름은 없었지만 모두 상허와 관계된 이들이라 쉽게 '상허문학회'라 부르게 되었다. 당시 전례가 없었던 이 모임은 강진호, 이선미 선생님의 발의로 시작되었다고 들었다. 민충환 선생님은 초기 상허 연구를 이끄신 분이다. 후배들에게 귀중한 자료를 기꺼이 제공해 주셨고 초기 회장도 맡아주셨다. 강진호, 이선미, 장영우, 이병렬, 이명희, 박헌호 선생님은 상허로 논문을 쓰신 분, 또는 쓰실 분들이었다. 깊은샘 박현숙 사장님은 상허에 대한 특별한 애정을 가지고 있었고 최초로 이태준 전집을 간행하신 바 있다.

각 대학에서 상허를 전공한 분들이 모이다보니 초기 멤버들은 개인적으로 그리 가깝지는 않았다. 두 세 사람씩 서로 알고 지내는 사이도 있었지만 전체가 만난 것은 '상허'를 통해서였다. 생면부지 연구자에게서 "상허 전공인데 모이지요"라는 단순한 연락을 받고 참석한 분도 있었다고 한다. 친분을 다지기 위해서였는지, 원래 술 마시고 떠드는 자리를 좋아해서였는지 모임이 끝나면 건국 빌딩 앞 돼지갈비 집에 자주 갔다. 이런 저런 이야기로 목소리를 높이고 차수를 옮기고 노래방이나 카페에서 소리 지르고 나서야 헤어졌다. 초기 몇 달 동안은 그렇게 서로를 알아가고 공부 방향을 모색하는 시간을 보냈다. 기막힌 일은 그렇게 몇 달을 다녔으면서도 회원 중 누군가가 돼지고기를 못 먹는다는 사실을 아무도 몰랐다는 것이다. 지금 '상허' 풍경도 그렇지만 꼭 뭘 먹느냐가 중요하기보다 사람들끼리 모이고 이야기하고 마음을 나누는 게 좋았던 것 같다.(이렇게 말하지만 생각해보면 정말 미안한 일이다. 나중에 그 자리에 자주 갔던 이들은 모두 크게 반성했(다고 말했)다.)

초기 회원들은 상허로 논문을 쓴 젊은 연구자라는 점 외에 특별한 공통점은 없었다고 할 수 있다. 이념을 같이하거나 학연으로 얽힌 집단은 더욱 아니었다. 정관을 정한 것도 아니고 발기 대회 같은 걸 공식적으로 열어본 적도 없었다.(비공식적으로는 매우 많이 했지만) 정체성은 모임을 진행해가면서 서서히 확립되어 갔다. 한두 명이 돌아가면서 발표를 하고 문학에 대한 이런 저런 이야기를 나누었다. 모두 공동 연구를 지향한다는 목표에 동의했고, 서로의 생각을 존중하고 토론을 통해 의견을 조율해갔다. 무엇보다 연구자로서의 동료애를 키워 나갔다.

모임 초기부터 '상허' 회원들은 기존 학계 풍토에 대해 강한 불만을 가지고 있었다. 대학 중심, 지도 교수 중심으로 줄을 서고 연구가 이루어지는 현실을 비판했다. 젊은 연구자들을 들러리 세워 원로 교수 얼굴 빛내주는 단체라고 기존 학회들을 매도하기도 했다. 거창하게 말하자면 권위주의적 풍토에 대한 거부감을 공유했던 셈이다. 편안한 자리에 앉아 문제의식 없이 관성으로 연구하는 기성들을 비난하기도 했다. 그렇다고 회원들이 학교생활의 부적응자들은 아니었다.(부적응자라니 나는 '상허' 총무간사와 국어국문학회 총무간사를 동시에 했다.) 선후배 사이의 과도한 위계질서도 깨려 노력했다. 특히 절대 그런 거 못 받아들이는 몇 분의 공로로 이런 분위기는 초기에 자연스럽게 확립되었다.

상허문학회로

김현숙 선생님께서 회장을 맡으시면서 학회 인원이 늘어났고 연구에 대한 열의도 높아졌다. 1~2년 내에 새롭게 '상허'에 참여하게 된 분들은 김현숙, 이종대, 김진기, 구자황, 허윤회, 김신정, 차혜영 등이다. 이때 모임 장소는 출판사가 아니라 대학이었고 가장 자주 모이던 곳은 이화여대였다. 학회 회원들이 본격적으로 박사논문을 준비하면서 '상허'의 관심 폭이 넓어지고 깊이도 더해갔다. 지금은 처음 학회에 참여하는 분들 중에도 박사학위 소지자가 많지만 당시에는 석사논문을 쓰고 박사논문을 준비하던 회원들이 가장 활발하게 활동했다.

공동연구팀을 상시적으로 운영하면서 동시에 다른 프로그램도 진행하였다. 철원 방문, 상허전집 발간, 성북동 고택 상허 비 건립, 상허 관련 연극 공연 등이 우선 떠오른다. MT도 자주 갔었다. 성신여대 수련원, 동국대 수련원, 산정호수가 우선 기억난다. 상허 생일이면 성북동 상허 집을 방문하는 일도 오랫동안 이어졌다. 연말에는 송년회를 거하게 치렀고 모임 뒤에는 그냥 헤어지는 법이 없었다. 이때는 홈페이지 시대이기도 했다. 사적인 글들이나 정보가 홈페이지를 통해 공유되었다. 깊은샘은 여전히 중요한 후원자였다.

모두 인정하는 바이지만 초기 '상허'는 총무 강진호 선생님의 헌신적인 노력으로 유지되었다. 그는 대단한 기획력으로 회원들이 기꺼이 또는 마지못해 따라오게 만들었다. 당시 학회는 누가 의견을 내면 그가 책임을 지되 나머지는 잔소리 없이(?) 따라하는 식으로 운영되었다. 투덜거리고 비아냥거리면서도 결국 회원들은 기획자의 의견을 따랐다. 이 과정을 밖에서 보았다면 만나기만 하면 싸우고 그러다가도 금방 헤헤거리는 이상한 집단으로 여겼을지 모른다.

압권은 철원 방문이었다. 서울에서 그 먼 곳까지 관광버스를 대절해서 갔다. 몇몇은 강제 동원 없이 연구자들로 차 한 대를 채우는 일은 불가능하리라고 예상했다. '상허'의 진성 회원이래야 십여 명이 될까 말까한 때였다. 또 당시만 해도 철원서는 월북자 상허를 좋아하지 않았다. 그래도 기어이 차 한 대 가득 채워 답사 겸 야유회를 떠났다. 돌아오는 길에 춘천에 들러 막국수와 전도 맛있게 먹었다. 총무의 기획력은 출판에서도 빛이 났다. 특집을 기획하고 원고를 모으는 일, 중간발표 등을 주도했다. 수익 사업으로 단행본도 몇 권 기획해서 출판했다. 그때는 학회 운영비를 공동 기획 사업을 통해 조달했다. 학회원은 몇 안 되는데 사업은 큰 학회만큼 벌였으니 회비만으로는 늘 자금이 부족했다.(지금 분위기라면 상허학회 연구총서가 나오고 상허출판사가 만들어지는 날이 멀지 않았다.)

이 시기 '상허' 회원들의 이름을 일일이 여기에 적기는 불가능하다. 내 기억의 한계 때문이기도 하지만 회원의 들고남도 워낙 잦았다. 그럼에도 불구하고 적자면 몇 분은 틀림없이 빠질 것이다. 소심을 유지하고 욕심은 부리지 않겠다. 지금 이사직에 있는 회원들은 거의 문학회 때부터 관계해오던 분들이라고만 하자. 이들과 달리 한두 번 학회에 들르고 인연을 이어가지 못한 분들도 있었다. 개인적인 사정 때문에, 학회의 분위기가 마음에 안 들어 많은 분들이 학회에 정착하지 못하였다. 때로는 '상허' 분위기에 어울리지 않는 분들이 학회를 방문하여 당황했던 적도 있다. 공식적이지는 않지만 그런 분들에게 조용히 거부의 뜻을 표했던 적도 있다.

지금은 젊은 연구자들이 활동할 만한 학회가 많이 생겼고 기존 학회의 분위기도 예전과 크게 달라진 것으로 안다. 하지만 당시에는 변화를 바라는 젊은 연구자들이 마음을 둘 학회가 없었다. '상허'가 지금의 분위기를 선도했다고 자신할 수는 없지만 젊은이들의 욕구를 담아내는 데 중요한 역할을 했음에는 틀림이 없다.

다시 상허학회로

어찌 어찌하여 '상허'가 젊은 국문학 연구자들에게 널리 알려지게 될 즈음 학술진흥재단에 학술지 등록을 할 것인가 말 것인가로 큰 논쟁이 있었다. 우리끼리 재미있게 공부하고 때 되면 성과를 책으로 묶는 전통을 굳이 제도에 의해 제약 받을 필요가 없다는 한쪽의 주장과 모임의 지속성을 확보하고 특히 젊은 연구자들이 마음 놓고 글을 실을 수 있도록 학진 시스템 안으로 들어가야 한다는 주장이 팽팽하게 맞섰다. 몇 차례 모여 진지하게 토론을 했으나 결론을 내지 못했다. 결국 이사들이 모여 찬반 투표로 학회의 방향을 결정했다. 한 표 차이로 학진 등재 쪽이 이겼던 것 같다. 그리고는 바로 학술지 체제를 정비했다. 학회 규정을 손보는 등 많은 준비가 필요했다. 동국대에 작업실을 마련하고 시간 되는 사람들이 들러 품앗이로 작업을 도왔다. 그래도 한 두 사람이 일 전체를 관리하고 조정하는 고생을 해야 했다. 학회 등록이나 학회지 평가 때마다, 내가 배불러 애 낳는 과정을 두 번이나 지켜 본, 그 선배에게 일이 떨어지곤 했다.

'상허학회'로 바뀐 초기에도 학회 이사진은 크게 바뀌지 않았다. 학회지에 글을 쓰고 학술대회에서 발표 하는 일은 마다하지 않지만 실제 학회 일에는 적극적이지 않은 회원들이 많았다. 또 그런 분들에게 억지로 일을 맡기기도 어려웠다. 강제로 누구를 동원하기 어려웠던 만큼 초기부터 학회에 관여했던 분들이 책임감을 갖고 나서지 않을 수 없었다. 회장은 학회 일에 관여하지 않고 실무자들이 모든 일을 결정하는 전통도 계속 이어졌다. 물론 이런 학회의 특성 때문에 배타적이라는 오해를 산일도 있었다. 늘 몇 사람이 학회 일을 맡아 한다는 인상을 준 것이 사실이다.

지금은 초기 멤버들이 학회 활동의 전면에 자주 등장하지 않는다. 젊은 연구자들의 연구 풍토에 동의하지 못하는 회원도 있고, 그들을 따라가는 일이 힘겹다고 생각하는 회원도 있다. 혼자 여유 있게 자기 공부를 하고 싶은 마음이 큰 회원도 있다. 공동연구가 주는 장점은 분명히 있지만 그것이 주는 피로 역시 적지 않기 때문이다. 그러나 이 모든 이유보다 큰 이유는 새로운 학회 분위기에 방해가 되고 싶지 않다는 생각 때문이다. 그들이 학회를 권력의 수단으로 생각하거나 이용하려고 하지 않았다는 점은 분명하다. 예전이나 지금이나 적극적으로 나서서 문제를 제기하고 일을 벌이면 그 사람이 학회의 주인이다.

현재 '상허학회'가 다른 학회와 무엇이 다르냐고 물으면 사실 뚜렷하게 할 말은 없다. 다른 학회보다 자유롭고 열려 있다고 말해도 보고 젊은 사람들이 주로 활동한다고도 해본다. 사실 그런 것 같기도 하고 아닌 것 같기도 하다. 하지만 지금까지 '상허'가 한 사람의 학회가 아니었다는 점은 분명하다. 회장이 바뀌면 임원진이 바뀌고 회원들의 관심도 멀어지는 그런 학회는 아니었다. 학회에 관심 있는 회원들이 발의한 내용을 선배나 이사들이 무시하거나, 반대로 그들이 후배들에게 무언가를 강제하는 일은 적었던 것 같다. 그런 이유로 앞으로 '상허'가 어디로 갈 것인지도 짐작하기 어렵다.

나는 아직도 내게 '상허'가 공적인 집단인지 사적인 모임인지 헷갈릴 때가 있다. 이제 '상허'는 많은 열성 회원과 수준 높은 학술지를 가진 국문학계 유수학회가 되었다. 그래도 나는 여전히 학회라는 조직보다 그곳에서 알게 된 사람들이 먼저 떠오른다. 긴 시간 동안 배운 것도 많았고 속상한 일도 많았다. 지금은 짠한 일까지 있다. 회원들이 변해 가는 모습, 기뻐하는 모습, 아파하는 모습, 고생하는 모습을 두루 보았다. 앞으로도 학회에 대한 이런 사적인 기억을 완전히 떨어내기는 어려울 것 같다. 물론 지금도 회원들이 이야기하고 꾸미고 툴툴거리고 웃을 때마다 새로운 기억이 생겨나고 있다.

(참 초창기에 노래를 기차게 부르는 선아라는 후배가 있었는데 지금 뭐하고 사는지 모르겠다. 임희숙 노래 참 잘 했는데. 날 가슴 아프게 했던 〈자전거 탄 풍경〉은 아직도 노래 잘하고 있는지. 추억이 너무 아름다우면 안 되는데……)

빈출 키워드, 외국인 저자, 특집 목록

『상허학보』 논문들의 분기별 빈출 키워드군(群)

1991-1997	회	1998-2002	회	2003-2007	화	2008-2011	회
근대(성)	10	근대(적,성,화,개인,성격,자아,초극,우리-,모방적근대,두개의 근대)	15	문화(론,제도,번역,생태학,엘리트,코드,연구,사,단위주체,정책,제도권,주의)	18	근대(성, 모더니티, 미적-등등)	18
모더니즘(1930년대, 모더니스트)	9	자기(구성, 동일성, 망각, 바성, 부정,13 성찰, 의식, 자아, 자각)	13	(탈)식민(주의, 지배, 시기, -근대, -여성, 내부-, -자의식, -주체)	17	(탈)식민(지, 성, 화, 주의, 주변부-, 신식민화)	16
여성(해방, 의식, 층위)	6	민족(주의, 문학, 적 사명)	10	반공(내셔날리즘, 이데올로기, 정체성, 주의)	14	문화(정전, 권력, 전환, 이념, 상징 시민권, 전략, 정책, 정치학, 위치, 주의, 표상)	15
미적(심미주의, 아름다움)	5	계몽(성, 애국계몽의식)	10	ㅡ어/언(조선어, 일본어, 방언, 신어, 사회어, 문학어, 민족어, 근대어)	13	번역(의식, 전기, 정책, 가, 론, 번역어, 번안, 중역, 문학번역가)	11
글쓰기(문장론, 문체론)	4	1920년대 동인지	9	검열(복자, 복자복원)	12	대중(독자, 동원, 문학, 문화, 사회 소비,정치,지성)	11
내면(내적의식)	4	주체(자율적-,시민적-, 복원,재건,화)	7	매체(미디어, 저널리즘, 잡지)	12	매체(론, 이념, 미디어 정치, 신문잡지, 잡지 연쇄)	11
역사(성, 소설)	4	여성(경험, 문학, 의식,인식,주의)	6	근대(성, 현대성, 근대적 개인, 전근대, 반근대, 내면, 주체)	12	전시, 전쟁(한국-, -체제)	11
계몽	3	모더니즘(1930년대-)	5	민족(해방, 담론, 문학, 민족적인 것)	12	해방(공간, 기, 서사, 문단)	11
가부장(제)	2	식민지/식민주의(적 무의식, 주체)	5	여성(수난사, 이야기, 지식인, 교육, 담론, 작가, 주의, 신-)	11	동아, 동양, 동아시아, 아시아	9
기교(론)	2	동양, 동양담론, 대동아, 동아시아	5	동양, 아시아, 대동아, 동아공동체 등	10	국가(건설, 이야기, 네이션, 환상, 만들기, 주의, 국민-)	8
성, 남성성	2	지식인	4	번역(번안, 소설, 동화)	8	냉전(인식, 서사, 시대, 포스트-, 체제)	8
서사	2	전후(문학, 복구, 소설)	4	역사(성, 학, 목적론, 인식, 의식)	8	민족(교육, 국가, 문학론, 서사, 영웅, 상상)	8
성격화	2	인식론적(단절, 연속, 통합)	4	정전(목록, 정전화, 문고, 전집)	8	정치(담론, 알레고리, 은유, 무의식)	8
순수문학	2	연애(사상, 자유연애)	4	탈-(근대성, 민족주의, 식민)	8	제국	8
아이러니	2	섹슈얼리티, 젠더(여성-, 육체)	4	가족/가정(사, 상상력, 남성성, 대가족, 가부장제 이데올로기)	7	탈-(식민적, 냉전, 식민화)	8
		세대(갈등, 론, 신세대, 의식)	4	내면(성, 화)	7	표상(정치, 투쟁)	8
		분단(체제, 문학)	4	제도(사,등단-,현상문예,문학-,추천제,근대문화-,	7	4.19(이후, 혁명, 4월혁명)	7
		미적	4	비판, 비평	7	국민(만들기)	7

		문화(상품, 활동, 주의)	4	자기(세계, 보존, 욕망, 세계, 표현)	7	공동체(문학의-, 이상적_, 문학과-)	7
		국민/국가	4	국가(주의, 만들기, 국민-, 폭력)	6	내선(공간분할, 일체, 결혼, 동화, 제휴)	7
		구술(서술적 낭독체, 이야기성)	4	근대시	6	미국(유학, 군정, 아메리카, 친미)	7
		죽음(감각, 미학)	3	소설(노블)	6	여성(계몽주체, 완전한 여성성, 이미지 편향성)	7
		전통	3	미국(문화, 선망, 자유민주주의영화, 미군)	6	개인(비개인)	6
		예술	3	미적(근대성,자율성,주체,인식)	6	폭력(의 굴절, 연쇄-)	6
		성욕(욕망)	3	민속(민담, 민요, 민요조)	6	정전(화, 반정전, 문학전집, 문화정전)	6
		비관(비애, 상실)	3	민족주의	6	혁명(이후의 주체, -의 카니발)	6
		백석	3	서사(시,양식,원리,상징, 분열)	6	거리(의 모더니티,의 정치)	5
		만주	3	타자(성,표상,발견, 재현, 의식)	6	국민문학(시, 문화, 연극)	5
		리얼리즘(리얼리티,사실주의)	3	국민문학	5	귀환, 귀환자, 이동	5
		담론	3	개성(개인, -의, 근대적 자아)	5	만주(낙토-, 북간도)	5
		단층(파)	3	대중(소설,매체,문화,극장,형성)	5	노동(자, 해방, 문제, 운동)	5
				지식인(소설, 사회)	5	주체(성)	5
				독서(경험, 독자, 투고,독후감)	5	전통(만들어진-)	5
				디아스포라(유랑, 이산)	5	민족주의	5
				만주(체험, 국, 서사)	5	사회주의	5
				배제(차별, 차이화, 배제기율)	5	자유	5
				전통(보여지는, 문화,유교형식)	5	감각(감성, 감정)	4
				사실(자체, -적 허구, 효과)	5	개념(사, 어, 접근, 체계)	4
				상상(계, -된 사실, -적 보상)	5	검열	4
				순수문학(론, 순수성)	5	경성(분할, 우울)	4
				언어(언문일치,-내셔날리즘,-네이션,_로의 전환,-적형식	5	공적(공민, 공간, 폭려기 발화)	4
				예술(교육, 파, 자율성, 가)	5	교양(주의, 수양)	4
				율(음성-, 음보-, 음량-)	5	연애(사랑, 낭만적 사랑)	4
				정치(적 현실주의, 히스테리아, 자유, 투쟁)	5	내면(의 규율화)	4

『상허학보』 논문의 분기별 빈출 외국인저자

1993-1997	회
게오르크 루카치	5
마타이 칼리니스쿠	5
사에구사 도시카츠	3
제라르 쥬네트	3
로만 야콥슨	2
로저 파울러	2
마셜 버먼	2
발터 벤야민	2
시모어 채트먼	2
위르겐 하버마스	2
임마누엘 칸트	2
프란츠 슈탄첼	2
Norman Friedman	2
Robert Scholes	2
S. 리몬 케넌	2
Vladmir Propp	2

1998-2002	회
가라타니 고진	9
미셸 푸코	9
사에구사 도시카츠	8
게오르크 루카치	7
위르겐 하버마스	5
마르틴 하이데거	4
발터 벤야민	4
테오도어 아도르노	4
피터 브룩스	4
강상중	3
스즈키 사다미	3
롤랑 바르트	3
리타 펠스키	3
마루야마 마사오	3
마셜 버먼	3
마이클 로빈슨	3
마타이 칼리니스쿠	3
사카이 나오키	3
아놀드 하우저	3
에드워드 사이드	3
이매뉴얼 월러스틴	3
이언 와트	3
中村光夫	3
테리 이글턴	3
토마스 흄	3
프란츠 슈탄첼	3

2003-2007	회
가라타니 고진	17
피에르 부르디외	17
미셸 푸코	11
게오르크 루카치	10
지그문트 프로이트	10
발터 벤야민	9
슬라보예 지젝	9
고모리 요이치	7
사카이 나오키	7
베네딕트 앤더슨	6
롤랑 바르트	5
마르틴 하이데거	5
테오도어 아도르노	5
프랑코 모레티	5
니시카와 나가오	4
레이 초우	4
빌 애쉬크로프트	4
스즈키 토미	4
알렉산드라 콜론타이	4
에드워드 사이드	4
임마누엘 칸트	4
자크 라캉	4
프레드릭 제임슨	4

2008-2011	회
미셸 푸코	7
발터 벤야민	7
브루스 커밍스	6
칼 슈미트	6
호미 바바	6
사카이 나오키	5
자크 데리다	5
조르조 아감벤	5
지그문트 바우만	5
가라타니 고진	4
르네 지라르	4
마루카와 테츠시	4
베른트 슈퇴버	4
스칼라피노	4
앙드레 슈미드	4
이효덕	4
자크 랑시에르	4
프랑코 모레티	4
피에르 부르디외	4
해리 하르투니언	4
게오르그 짐멜	3
고마고메 다케시	3
나카무라 미츠오	3
로버트 영	3
미야타 세스코	3
베네딕트 앤더슨	3
알랭 바디우	3
앤소니 기든스	3
장뤽 낭시	3
질 들뢰즈	3
찰스 테일러	3